KETOGENE ERNÄHRUNG

Kohlenhydratarme Rezepte Für Gesundheit Und Gewichtsverlust Mit Der Keto Diät

(Ketogene Diät Heißt Abnehmen Ohne Hungern, Ganz Ohne Sport!)

Jens Bürger

Published by Knowledge Icon

© **Jens Bürger**

All Rights Reserved

Ketogene Ernährung: Kohlenhydratarme Rezepte Für Gesundheit Und Gewichtsverlust Mit Der Keto Diät (Ketogene Diät Heißt Abnehmen Ohne Hungern, Ganz Ohne Sport!)

ISBN 978-1-990084-86-7

All rights reserved. No part of this guide may be reproduced in any form without permission in writing from the publisher except in the case of brief quotations embodied in critical articles or reviews.

Legal & Disclaimer

The information contained in this book is not designed to replace or take the place of any form of medicine or professional medical advice. The information in this book has been provided for educational and entertainment purposes only.

The information contained in this book has been compiled from sources deemed reliable, and it is accurate to the best of the Author's knowledge; however, the Author cannot guarantee its accuracy and validity and cannot be held liable for any errors or omissions. Changes are periodically made to this book. You must consult your doctor or get professional medical advice before using any of the suggested remedies, techniques, or information in this book.

Upon using the information contained in this book, you agree to hold harmless the Author from and against any damages, costs, and expenses, including any legal fees potentially resulting from the application of any of the information provided by this guide. This disclaimer applies to any damages or injury caused by the use and application, whether directly or indirectly, of any advice or information presented, whether for breach of contract, tort, negligence, personal injury, criminal intent, or under any other cause of action.

You agree to accept all risks of using the information presented inside this book. You need to consult a professional medical practitioner in order to ensure you are both able and healthy enough to participate in this program.

Table of Contents

Welche Vorteile bringt die ketogene Ernährung mit sich?.. 1

Was passiert im Körper? 4

Gebackenen Eiern und Speck 9

Zutaten: 9

Anfahrt: 9

Käseröllchen 11

Abendessen: Rinder-Avocado-Creme auf Gurkenbett 14

Crepes mit Pistazien und Ahornsirup 16

Chorizo Frühstücksauflauf.. 18

Cranberry & Orangen Muffins.................................... 21

Low-Carb Frischkäse Pfannkuchen 25

Ketogene Hackfleisch Rühren braten 27

Zutaten: 27

Anfahrt: 27

Donnerstag – Mittagessen 29

Sommerlicher Chicorée-Papaya-Salat 31

Low-Carb Carbonara 34

Pfanne gebratener Lachs mit Apfel und Spinatsalat... 36

Zutaten: 36

Anfahrt: 36
Sonntag - Frühstück 38
Überbackene Hähnchenbrust 39
Avocadosalat mit Pilzen und Tomaten 41
Goldennussige Pekan-Fettbomben 43
Gebackenes Pfirsichkompott 47
Buchweizen und Quinoa Müsli 49
Vorbereitungen 49
Mittwoch-Mittagessen 51
French-Toast Muffins 53
Thunfisch-Salat 55
Schokolade-Avocado-Keto-Brownies 57
Abendessen Rezepte 60
Zutaten: 60
Zubereitung: 60
Gemüsesalat mit Salzzitrone 62
Sandwich Brot 64
3-Blumenkohlsalat mit Speck 67
Avocado-Speck-Körbchen 68
Ketogene Auberginen-Champignon Pizza 70
Freitag – Abendessen 72
Panierte Hähnchenbrust auf gemischtem Salat 75

Erdbeer-Kokos-Smoothie 77

Rührei mit Lachs 78

Kraut-gebratenes ganzes Huhn 80

Zutaten: 80

Anfahrt: 80

Chicoreesalat mit Trauben und Mango 82

Mandelmilch 84

10-Ei-Avocado-Frühstück 86

Käse-Omelett 88

Ketogene Pilz-Krabben-Pfanne mit Parmesan 90

Keto Eihälften mit Garnelen (4 Portionen) 93

Knusperfisch auf Rauke 95

Gluten freie Erdbeer Crepes 97

Zutaten: 97

Vorbereitungen.. 97

Tofugeschnetzeltes mit Austernpilzen 99

Smoothie mit Nuss 101

5-Keto Radieschen 103

Burger-Brötchen 105

Zutaten für zwei Personen 107

Keto Käse-Salamiplatte (2 Portionen) 109

Ungarisches Gulasch: 110

- Italienische Gemüseplatte mit Zucchini und Möhren 112
- Spinat-Feta-Tasche 114
- 13-Hähnchen-Knoblauch-Pesto-Pasta mit Parmesan 117
- Kürbisbrot 119
- Ketogener Spargel im Speckmantel 121
- Keto Sesambrot 123
- Muscheln mit Weißwein 125
- Zutaten: 125
- Anleitung: 125
- Seezungenfilets mit Kräuterseitlingen 127
- Lachs im Speckmantel 129
- 7-Grillspieße mit Fleisch und Gemüse 132
- Griechischer Salat 134
- Keto-Haferbrei (1 Portion) 135
- Rezept #18: Trail Mix ketogene Getreide 136
- Zutaten: 136
- Schritte: 136
- Gurken Carpaccio mit Lachs 137
- Feta Salat 139
- Gegrillte Gemüseplatte (2 Portionen) 141
- Frühstückstaschen mit Eiern und Speck 143
- Cobb Salat 145

Schritte: 146

Cremige Hühnchen-Speck-Ranch 147

Cremiger Himbeer – Kokos – Traum 149

ketogenes Schoko-Mousse 150

Mandelbrot.. 151

Avocado mit Ei 152

Überbackene Zucchini... 154

Sommersalat... 156

Keto Lachsfrikadelle mit Brei und Zitronenbutter (4 Portionen).. 157

Keto Hamburgerbrötchen 160

Low Carb Protein Pancakes 162

Fruchtiger Joghurt (Vegetarisch)............................. 164

Low Carb Pasta mit Bolognese 165

Huhn Zucchini und Brokkoli Zucchini 167

Zutaten: 167

Schritte: 167

Köstliches Thai Chicken 169

Welche Vorteile bringt die ketogene Ernährung mit sich?

Die ketogene Ernährung hat zahlreiche Vorteile, die sich positiv auf Ihre Gesundheit auswirken. Diese ganzheitliche Verbesserung des Wohlbefindens macht Sie nicht nur glücklicher, sondern auch fitter, wacher, motivierter und zufriedener.

Der Körper braucht für alle Prozesse und Funktionen Energie, die er bei einer normalen Ernährung aus dem Blutzucker gewinnen kann. Der Blutzuckerspiegel erhöht sich, wenn entsprechende Kohlenhydrate über die Nahrung aufgenommen werden. Auch wenn beim Sport mehr Energie verbraucht wird, ist die Aufnahmen von zu viel Zucker beziehungsweise Kohlenhydraten durch den Körper nicht auszugleichen, was zu gesundheitlichen Problemen und Übergewicht führen kann.

Wird im Rahmen einer ketogenen Ernährung kein Zucker konsumiert und weitgehend auf Kohlenhydrate verzichtet, muss sich der Körper seine benötigte Energie zwangsläufig aus anderen Quellen schöpfen. Bei den alternativen Energiequellen, die zur Versorgung herangezogen werden, handelt es sich um die sogenannten Ketonkörper. Diese werden während der Ketose gebildet, die auch als Hungerstoffwechsel bezeichnet wird. Da aufgrund der extrem geringen Zuckeraufnahme bei der ketogenen Ernährung der Insulinspiegel konstant niedrig ist, geben die Fettzellen Fettsäuren ab. Diese werden entsprechend von den Muskeln verbrannt und in der Leber zu Ketonkörpern gewandelt. Während des ketogenen, also des Ketonkörper generierenden Stoffwechsels, kommt es also im Zusammenhang mit der Ketose zu einer erhöhten Fettverbrennung, da auch die Fette als alternative Energiequellen genutzt werden.

Auch wenn der mit der Ketose verbundene Gewichtsverlust für viele Anwender das Hauptargument ist, bietet die ketogene Ernährung Ihnen noch jede Menge weitere Vorteile:

- Der Blutzuckerspiegel bleibt aufgrund der geringen Zuckeraufnahme konstant niedrig und ist nur selten Schwankungen unterlegen, sodass Diabetiker teilweise sogar ihre Medikamente absetzen können
- Heißhungerattacken werden durch den relativ gleichbleibenden Blutzuckerspiegel vermieden
- Als Energiequelle für das Gehirn werden Ketonkörper gebildet, die für mehr Leistungs- und Konzentrationsfähigkeit sorgen
- In diesem Zusammenhang bleibt auch der Insulinspiegel konstant niedrig

- Da sich der Körper aufgrund fehlender Kohlenhydrate alternative Energiequellen suchen muss, wird die Fettverbrennung angekurbelt und der Fettstoffwechsel deutlich verbessert
- Durch die ketogene Ernährung entsteht ein erhöhtes Sättigungsgefühl
- Wer sich ketogen ernährt, kann von einer verbesserten Ausdauerleistung profitieren
- Anwender haben weniger Bedürfnis nach Schlaf, da sie sich insgesamt fitter und wacher fühlen
- Die Laune wird aufgrund einer erhöhten Endorphin Bildung verbessert
- Für Epileptiker hat sich eine deutliche Reduzierung der Anfälle durch ketogene Ernährung gezeigt
- Das Essen schmeckt aufgrund des hohen Fettgehaltes keineswegs wie Diätnahrung
- *Durch den gesteigerten Fettverbrauch steigt der Testosteronspiegel vor allem bei Männern stark und sorgt für eine gesteigerte Libido*

Neben ihren positiven Effekten auf die Sportlichkeit und das Gewicht kann die ketogene Ernährung auch dabei helfen, Hautunreinheiten zu beseitigen oder Entzündungen zu lindern. Außerdem ergeben sich durch die Bildung von Ketonkörpern schützende Eigenschaften für die Nervenzellen, was sich positiv auf das Fortschreiten von Erkrankungen wie Demenz und Alzheimer auswirken kann.

Was passiert im Körper?

Wie wir alle wissen, liefern Kohlenhydrate unserem Körper Glucose, welche er dann in Energie umwandeln kann. Genauso ist bekannt, dass Kohlenhydrate die Hauptenergielieferanten des Körpers sind. Kommt aus irgendwelchen, aus Sicht des Körpers immer unersichtlichen, Gründen eine Zeit lang keine Glucose mehr an, beginnt eine Umstellung im Stoffwechsel. Was dabei entsteht, nennt man „Ketose".

Der Körper fängt an, Proteine und Fette in Glucose umzuwandeln. Die sogenannte „Gluconeogenese" beginnt ebenfalls, unterstützend. Die beiden eben genannten Makronährstoffe finden sich am schnellsten im Muskelgewebe und in der Leber, aus welchen der Körper sich diese Stoffe Anfangs auch holt. Doch das ist in der Regel nur eine Übergangslösung, während der Körper einige Tage braucht, um Enzyme zu bilden, die schließlich die Umwandlung von Fettsäuren in Glucose ermöglichen. Das bedeutet, dass unser Körper vom normalen Stoffwechsel in den Hungerstoffwechsel und anschließend in den Fettstoffwechsel, in welchem endlich auch Fettzellen als Energiequelle genutzt werden, übergeht.

Dadurch, dass nach wie vor bedarfsgerecht Kalorien zugeführt werden, nur eben nicht oder kaum in Form von Kohlenhydraten, hat der Körper keine andere

Wahl, als sich auf die Verbrennung von Fetten (und Eiweißen) zu konzentrieren. Denn nun haben die die Rolle des Hauptlieferanten übernommen. Der Körper lernt um, wird sozusagen darauf konditioniert, die Verbrennung von Fetten an erste Stelle zu setzen.

Weil unser Körper die Kohlenhydrate stets allen anderen Energielieferanten vorzieht, da sie einfach am schnellsten liefern, ist bei hohem Konsum dieser Nährstoffgruppe ständig das Hormon Insulin, welches zur Senkung des Blutzuckerspiegels ausgeschüttet wird, in den Blutbahnen aktiv. Doch das bedeutet auch, dass in dieser Zeit kein Fettstoffwechsel stattfinden kann.

Wie viel Insulin sich im Blut befindet, hängt auch davon ab, ob wir komplexe, zweifache oder einfache Kohlenhydrate zu uns nehmen. Die komplexen bzw. langkettigen finden sich vor allem in Vollkornprodukten und müssen aufgrund ihrer langen Glucose – Ketten im Verdauungstrakt erst einmal aufgespalten werden. Das führt dazu, dass die Glucose langsamer ins Blut wandert und sich somit dort nicht so aufstaut. Einfache und zweifache Kohlenhydrate gehen viel schneller, einfache sogar „mir nichts dir nichts", ins Blut. Es wird umso mehr Insulin ausgeschüttet, desto dringlicher es wird, die Blutbahnen vom Zucker zu entleeren. Also vor allem, wenn es sich staut.

Ein Teil der Glucose wird unbedingt benötigt, und zwar für die Muskelarbeit sowie das zentrale Nervensystem inklusive Gehirn. Dort geht die Glucose auch zuerst hin. Wenn in diesen Bereichen eine gute Versorgung besteht, wird noch etwas vom Rest in Form von langen Glucose – Ketten (als Glykogen) in Muskulatur und Leber gespeichert. Ist der Speicher voll, wird die ganze noch übrige Glucose mithilfe vom Insulin in Fett umgewandelt und als solches in entsprechenden Depots eingelagert. Denn der Rest der Glucose ist eigentlich überflüssig, muss aber trotzdem irgendwo hin.

Das Insulin hat insofern etwas mit diesem speziellen Prozess zu tun, dass es mal wieder als Schlüssel fungiert. Es schließt im Zuge des Zuckerstoffwechsels die Zellen für die Glucose auf, sodass der Blutzuckerspiegel sinken kann, indem die Glucose in den Zellen verschwindet. Genauso schließt es die Zellen der Fettdepots auf, wenn es darum geht, überflüssige Glucose zu lagern. Jedoch befindet sich diesmal eine Art Chip – Code an dem „Schlüssel". Natürlich sinnbildlich gemeint.

Die Fettzellen selbst verfügen über je zwei Enzyme, welche Sorge dafür tragen, dass entweder Fett gespeichert, oder freigegeben wird. Auf den „Chip – Code" des Insulins reagieren die Enzyme, die für die Speicherung von Fetten zuständig sind. Gleichzeitig regt Insulin auch den Prozess der sogenannten Glykogen – Synthese (Aufbau) an. Glucose wird so in Form von Glykogen in den Fettzellen gespeichert.

Weil Insulin also die ganze Zeit aktiv ist, kann sein Gegenspieler (sowohl im Zuckerstoffwechsel, als auch im Fettstoffwechsel), das Hormon „Glucagon" (bewirkt Fettabbau) nicht zum Einsatz kommen. Wenn der Insulinspiegel hoch ist, kann also kein Fett verbrannt werden. Und wenn Sie dann auch noch besonders viele oder/und ungesunde, also ein – und zweifache, Kohlenhydrate zu sich nehmen, kann es sogar sein, dass gleichzeitig auch noch Fett aufgebaut wird. Aufgrund von überschrittener Speicherkapazität der vorhin thematisierten Glykogen – Speicher in Leber und Muskulatur.

Und somit wären wir auch schon an dem Punkt, der erklärt, warum bei der ketogenen Ernährung auch auf tendenziell gesunde kohlenhydratreiche Lebensmittel wie z.B. Obst, Wurzelgemüse und Vollkornprodukte verzichtet wird. Es soll ein größtmöglicher Mangel an Insulin herbeigeführt werden, und das geht nur, wenn jegliche Form von Kohlenhydraten weitestgehend vermieden wird. So soll der Fettabbau gesichert und gesteigert werden.

Aber wie funktioniert dann die Versorgung der Muskulatur und der Gehirnaktivität?

Wie ich vorhin schon erwähnt habe, ist Glucose lebenswichtig, weil sie essentielle Organe und Körperfunktionen mit Energie versorgt. Jedoch ist der

Körper in der Lage, sich bei mangelnder Zufuhr von außen, selbst zu helfen. Nämlich, indem er mit der sogenannten „Gluconeogenese" beginnt. Dabei wandelt er Nicht – Kohlenhydrate in Glucose um.

Durch das Glucagon, das ja neben der Erhöhung des Blutzuckerspiegels auch den Fettabbau ermöglicht, werden Enzyme aktiviert, welche für den Fettabbau zuständig sind. Denn auch Glucagon fungiert in diesem Falle als Schlüssel inklusive Chip – Code. Es werden neben dem Fettabbau auch Fettdepots aufgespalten und so Fettsäuren freigesetzt.

Gebackenen Eiern und Speck

Zutaten:

2 El butter

4 große mittelgroßen Eiern

1 Tasse Cheddar-Käse (gerieben)

1 Tasse Sahne (beheizt bis Warm)

8 Scheiben Speck (gekocht und zerkleinert)

Pfeffer und Salz zur Verkostung

Anfahrt:

1. Heizen Sie Ihren Backofen bis 350 Grad. Verteilen Sie etwas Butter, 4 kleine Keramik Förmchen oder kleine Gläser.

2. brechen Sie das Ei auf dem Töpfchen.

3. Decken Sie die Eiern mit ¼ Tasse des beheizten Creme und ¼ Tasse Käse. Mit Salz und Pfeffer abschmecken.

4. setzen Sie die Förmchen in einer Pfanne und füllen es mit Wasser, gerade genug, um die Hälfte auf den Seiten der Förmchen werden. Ca. 15 Minuten backen

Sie, bis der Käse schmilzt gründlich und die weißen Eier fertig sind.

5. bröckeln Sie einige Scheiben Speck auf jedes Ei. Heiß servieren und genießen!

Käseröllchen

Zutaten:

4 Scheiben Käse

50g Schinken oder Speck, gehackt

150g Philadelphia

1/2 Bund Schnittlauch

1 Zwiebel, gehackt

Salz und Pfeffer

Alle Zutagen vermischen und in die Käsescheiben einrollen. Man kann es entweder direkt genießen oder eine Nacht im Kühlschrank lassen.

Montag - Abendessen

Zutaten für Keto-Pesto-Hähnchen Auflauf mit Feta-Käse und Oliven

175 g Hühnerschenkel oder Hähnchenbrust

15 g Butter zum Braten

20 g roter Pesto oder grüner Pesto

100 ml Schlagsahne

30 ml entkernte Oliven

50 g Schafskäse, gewürfelt

¼ Knoblauchzehe, fein gehackt

Salz und Pfeffer

Zum Servieren

40 g Blattgemüse

1 EL Olivenöl

Prise Meersalz und gemahlener schwarzer Pfeffer

Zubereitung

Den Ofen auf 200 ° C vorheizen.

Hähnchenschenkel oder Hühnerbrust in mundgerechte Stücke schneiden. Mit Salz und Pfeffer würzen.

Butter in eine große Pfanne geben und die Hähnchenteile portionsweise bei mittlerer Hitze goldbraun braten.

Pesto und Sahne in einer Schüssel vermischen.

Die gebratenen Hähnchenteile zusammen mit Oliven, Feta-Käse und Knoblauch in eine Auflaufform legen. Fügen Sie das Pesto hinzu.

Im Ofen 20-30 Minuten backen, bis die Schale an den Rändern sprudelnd und hellbraun wird.

Übersicht pro Portion

Netto Kohlenhydrate: 2% (7 g)

Faser: 2 g

Fett: 83% (110 g)

Protein: 14% (42 g)

kcal: 1188

Abendessen: Rinder-Avocado-Creme auf Gurkenbett

Zubereitungszeit: 25 Minuten

2 Portionen

Zutaten:

300 g Rinderhack

1 Zwiebel

1 Avocado

½ Salatgurke

1 EL Zitronensaft

1 EL Olivenöl

Salz und Pfeffer nach Belieben

Zubereitung:

Die Zwiebel schälen, waschen und fein würfeln.

Die Avocado schälen, entkernen und ebenfalls klein schneiden.

Das Olivenöl in der Pfanne erhitzen und die Zwiebeln für ca. 2 Minuten darin anbraten.

Das Rindfleisch und die Avocado dazugeben, mit Salz und Pfeffer würzen und in der Pfanne garen lassen.

Die Salatgurke waschen und in Ringe schneiden (nicht zu dünn oder zu dick).

Die Gurkenringe auf so auf die Teller legen, dass der Tellerboden gut bedeckt ist.

Nun die Avocado-Rindfleisch-Mischung aus der Pfanne auf die Gurkenscheiben verteilen und mit etwas Pfeffer würzen.

Nährwertangaben pro Portion: 408 kcal/2g Kohlenhydrate/29g Fett/34g Protein

Crepes mit Pistazien und Ahornsirup

Zutaten für 4 Portionen:

2 Eier

125 g Mehl

250 ml fettarme Milch

1 EL Zucker

½ Päckchen Vanillezucker

75 g gehackte Pistazien

1 Prise Salz

2-3 EL Butter

Ahornsirup zum Bestreichen

gehackte Pistazien zum Garnieren

Zubereitung:

Die Eier trennen.

Das Mehl mit Eigelb, fettarmer Milch, Zucker, Vanillezucker und gehackten Pistazien zu einem glatten Teig verarbeiten und abgedeckt ca. 20 Minuten ruhen lassen.

Anschließend das Eiweiß mit 1 Prise Salz steif schlagen und unter den Teig heben.

In einer Pfanne mit Butter nacheinander 8 dünne Crêpes backen.

Die fertigen Crepes mit Ahornsirup bestreichen und mit gehackten Pistazien garnieren.

Chorizo Frühstücksauflauf

Musst du eine große Familie satt bekommen? Dann ist dies ein großartiges Rezept für ein einfaches Frühstück unter der Woche, welches deine gesamte Familie lieben wird. Darin befindest sich cremiger Käse, welches garantiert zum Familienliebling aufgrund seines kräftigem Geschmacks wird!

Vorbereitungszeit: 20 Minuten

Kochzeit: 50 Minuten

Portionen: 10

Zutaten:

450 g Chorizo, gemahlen

12 Eier, mittel und vorzugsweise organisch

1 Onion, klein und dünn geschnitten

8 oz. Cheddar Käse

1 Teelöffel Zwiebelpulver

1 Grüner Pfeffer, klein und dünn geschnitten

366 g oder 1 ¼ bis ½ Tasse Spinat

¾ Tasse Schlagsahne

1 Teelöffel Knoblauchpulver

Meeressalz und Pepper, zum Abschmecken

Zubereitungsmethode:
1) Koche zuerst den Spinat in einer Mikrowelle.

2) Koche danach den gemahlenen Chorizo in einer beschichteten Pfanne mit mittlerer Hitze, bis dieses braun wird.

3) Wenn dies fertig ist, lege den braunen Chorizo in eine große Schüssel.

4) Danach sautiere die Zwiebel und den Pfeffer in der gleichen Pfanne bis die Zwiebel durchsichtig und weich wird.

5) Füge die Mischung aus weicher Zwiebel und Pfeffer mit dem gekochten Spinat in die große Schüssel hinzu und vermische alles gut.

6) Verquirle nun die Eier, die Schlagsahne und die Gewürze in einer anderen mittelgroßen Schüssel, bis diese gut vermischt sind.

7) Vermische nun die Schlagsahne in die große Schüssel und verrühre alles miteinander, bis es zu einer Masse geworden ist

8) Gebe nun die gesamte Mischung in den gebutterten Auflauf und backe es für 50 Minuten bei 180 Grad Celsius im Ofen.

Tipp: Füge Cherry Tomaten in deinen Mix.

Nährwertangaben:

☐ Kalorien- 362 kcal

☐ Fett- 28gm

☐ Kohlenhydrate 7gm

☐ Eiweiß- 24gm

☐ Ballaststoffe 2gm

Cranberry & Orangen Muffins

Orangen, Zitrusfrüchte, sind eine exzellente Quelle an Vitamin C (100mg liefert 53,2g, etwa 90% des ETB); Vitamin C ist ein leistungsstarkes natürliches Antioxidans. Eine Vitamin-C-reiche Ernährung hilft dem Körper einen Widerstand zu ansteckenden Stoffen zu entwickeln und reinigt schädliche freie Radikale proinflammatorisches Blut.

Kochzeit: 40 min

Vorbereitungszeit: 10 min

Portionen: 20

Zutaten

8 Eier,

1/2 Tasse natives Kokosnussöl

1 Tasse Kokosnussmilch

Würze von 2 Orangen, organisch

3 Tassen Mandelmehl

1/2 Tasse Kokosnussmehl

4 Esslöffel Chia Samen, gemahlen (16g / 0.6 Unzen)

1 Teelöffel Zimt

2 Teelöffel Natron

4 Teelöffel Tartarcreme

1 Teelöffel Salz

1 Tasse gepulvertes Erythritol

20 Tropfen Stevia Extrakt

3 Tassen Cranberries

Zubereitung

Heizen Sie den Ofen auf 175 C / 350 F vor. Trennen Sie das Eigelb vom Eiweiß. Mischen Sie das Eigelb, Kokosnussöl, Stevia und Erythritol in einer Schüssel. Rühren Sie, bis eine Creme entsteht.

Geben Sie die Orangenschale, Mandelmehl, Kokosnussöl, Chia Samen, Zimt, Backpulver und Salz hinzu und mischen Sie alles gut. Gießen Sie die Kokosnussmilch darüber und rühren Sie alles gut durch.

In der Zwischenzeit können Sie das Eiweiß mit der Tartarcreme schlagen, bis sanfte Gipfel entstehen. Geben Sie es zu dem Teig hinzu – Versuchen Sie nicht das Eiweiß komplett zu leeren.

Halbieren Sie die Blaubeeren, wenn diese zu groß sind. Geben Sie den Teig in eine Muffinform. Besprühen Sie diese mit etwas Kokosnussöl oder Butter um ein Kleben zu vermeiden.

Geben Sie es in den Ofen und backen Sie alles für 25-30 Minuten, bis es gold-braun wird. Entnehmen Sie es aus dem Ofen und lassen Sie die Muffins für 10-15 Minuten abkühlen.

Warum es gut für Sie ist

Sehr niedrig an Cholesterin

Niedrig an Natrium

Keine gesättigten Fettsäuren

Nährwerte

Kalorien 130 , Kalorien aus Fett 0

Fett 0g Ungesättigtes Fett 0g

Cholesterin 0mg ,Natrium 280mg

Kohlehydrate 32g ,Ballaststoffe 2g

Zucker 16g,Proteine 1g

Makronährstoffe in Relation:

Kalorien aus Kohlehydraten (8%), Proteine (13%), Fett (79%).

Low-Carb Frischkäse Pfannkuchen

Zutaten für die Pfannkuchen:

½ Esslöffel Kürbiskuchengewürz

3 Esslöffel Kokosnussmehl

3 Eier

3 oz. Frischkäse

Zutaten für die Kürbisbutter:

Etwas Stevia

2 Esslöffel Butter

½ Esslöffel Kürbis

Zubereitung:

Um die Kürbisbutter zu machen vermische ½ Esslöffel Kürbis mit 1 Esslöffel Butter in einer kleinen Schüssel solange bis eine glatte Masse entsteht.

Gebe die Kürbisbutter für 10 Minuten in die Mikrowelle.

Um die Pfannkuchen zu machen, vermische das Kürbiskuchengewürz, das Kokosnussmehl, die Eier und den Frischkäse in einer separaten Schüssel.

Erhitze die Pfanne bei mittlerer Hitze und füge den restlichen Esslöffel Butter hinzu.

Gebe den Pfannkuchenteig in die Pfanne und backe ihn für 2 Minuten. Sobald der Pfannkuchen aufsteigt, in der Pfanne wenden und die andere Seite für 30 bis 60 Sekunden backen.

Gebe auf den fertigen Pfannkuchen die Kürbisbutter und serviere.

Ketogene Hackfleisch Rühren braten

Zutaten:

1 Esslöffel Kokosöl

½ mittelgroße Zwiebel

5 Stück mittlerer Größe Pilze

2 Stück Kohl Blätter

½ Tasse Brokkoli

½ mittelgroße rote Paprika

300 Gramm Hackfleisch

1 Esslöffel chinesische 5-Gewürze

1 Esslöffel Cayennepfeffer

Anfahrt:

1 hacken Sie rote Paprika, Brokkoli, Zwiebeln und Kohl. Schneiden Sie Pilze in Scheiben.

2. mit Hilfe eines großen Woks, Kokosnuss-Öl erhitzen bei mittlerer bis hoher Hitze. Braten Sie Zwiebeln ca. 1 Minute an.

3. das restliche Gemüse hinzufügen und Rühren ca. 2 Minuten braten. Rühren Sie weiter.

4. Fügen Sie Hackfleisch und chinesischen 5-Gewürz und weiterhin für weitere 2 Minuten kochen.

5. Deckel und lassen Sie kochen für ca. 5 Minuten oder bis Rindfleisch gut gekocht wird.

6. übertragen Sie auf einen Teller. Heiß servieren und genießen!

Donnerstag – Mittagessen

Zutaten für Keto Avocado Speck Salat

- 50 g Ziegenkäse
- 50 g Speck
- ½ Avocado
- 30 g Walnüsse
- 30 g Rucola

Dressing

- 125 ml Zitronensaft aus einer Zitrone
- 30 ml Mayonnaise
- 30 ml Olivenöl
- ½ EL Schlagsahne

Zubereitung

Den Ofen auf 200 ° C vorheizen und Pergamentpapier in eine Auflaufform legen.

Den Ziegenkäse in 1 cm dicke Scheiben schneiden und in die Auflaufform geben. Auf dem oberen Rost backen bis er goldbraun ist.

Den Speck in einer Pfanne knusprig anbraten.

Die Avocado in Stücke schneiden und auf den Rucola geben. Fügen Sie den gebratenen Speck und Ziegenkäse hinzu. Streuen Sie Nüsse oben drauf.

Mit einem <u>Pürierstab</u> das Salatdressing herstellen dazu den Saft einer halben Zitrone, Mayonnaise, Olivenöl und ein paar Esslöffeln Schlagsahne in einer tiefen Schüssel gut vermischen. Mit Salz und Pfeffer abschmecken.

Übersicht pro Portion

    Netto Kohlenhydrate: 2% (6 g)

Faser: 9 g

Fett: 89% (123 g)

Protein: 9% (27 g)

kcal: 1243

Sommerlicher Chicorée-Papaya-Salat

Zubereitungszeit: 15 Minuten

4 Portionen

Zutaten:

75 g Papaya, reif

150 g Chicorée

150 g Avocados, reif

n.B. Olivenöl

etwas Meersalz oder Steinsalz

n.B. Mandeln, Macadamia- oder Walnüsse als Topping

Zubereitung:

Papaya und Avocado entkernen, Schale entfernen und fein würfeln.

Den Chicorée waschen in in feine Streifen schneiden, den bitteren Kern nicht mit verwenden.

In einer Schale mit Olivenöl mischen, fein salzen, ggf. mit ein paar Nüssen dekorieren.

Nährwertangaben pro Portion:

105kcal/3,3g Kohlenhydrate/8,9g Fett/1,2g Protein

Feldsalat mit Champignons

Zutaten für 4 Portionen:

200 g braune Champignons

1 EL Zitronensaft

1 EL Butterschmalz

Salz

Pfeffer

½ Bund Petersilie

1 Knoblauchzehe

180 g Feldsalat

2 EL Himbeeressig

4 EL Sonnenblumenöl

2 EL Kürbiskerne

Zubereitung:
1. Champignons putzen, feucht abreiben und halbieren.
2. Mit Zitronensaft beträufeln und in heißem Butterschmalz unter Rühren 2 Minuten schmoren.
3. Mit Salz und Pfeffer würzen.

4. Petersilie waschen, trocken schleudern, putzen und in einer Schüssel mit einem Dressing aus Himbeeressig, Sonnenblumenöl, Salz und Pfeffer mischen und auf Teller verteilen.
5. Kürbiskerne in einer Pfanne ohne Fett rösten.
6. Pilze und Kürbiskerne auf dem Salat verteilen.

Low-Carb Carbonara

Zutaten:

- Gemahlener schwarzer Pfeffer nach Geschmack

- 2 Esslöffel gehackten Basilikum

- ¼ Tasse Parmesankäse

- 2 Esslöffel Sahne

- 1 großes Ei

- 3 Eigelb

- 6 oz. Speck

- 2/3 Keto Nudeln

Zubereitung:

- Koche die Nudeln.

- Hacke den Speck in kleine Würfel und brate ihn in einer Pfanne bei mittlerer Hitze an.

- Vermische in einer Schüssel den Parmesankäse, die Eigelb und das Ei bis es eindickt.

- Gebe die Nudeln in die Pfanne. Füge den Käse- und Eiermischung hinzu.

- Koche die Nudeln für 5 Minuten.

- Verziere es mit Basilikum und Pfeffer und serviere.

Pfanne gebratener Lachs mit Apfel und Spinatsalat

Zutaten:

Vier (5 Unzen) Stücke Lachs Filets

1 EL Olivenöl

Für den Apfel und Spinatsalat

1 Bund Spinat

1 dünn geschnittene Honeycrisp Apfel

3 El gerösteten Mandelblättchen

3 Esslöffel frischen Zitronensaft

2 EL Olivenöl

Anfahrt:

(1) in große Salatschüssel verquirlen Sie frischer Zitronensaft und Olivenöl. Dazugeben Sie den Spinat. Zusammen werfen Sie, bis alle Blattspinat gut beschichtet sind. Für etwa 10 Minuten ruhen lassen. Fügen Sie die in Scheiben geschnittenen Äpfel in den Spinatsalat.

2. Erhitzen Sie das Olivenöl in einer großen beschichteten Pfanne bei mittlerer bis schwacher Hitze.

Heben Sie die Hitze zu hoch und legen Sie das Lachsfilet, einzeln nacheinander, Hautseite oben in die Pfanne. Kochen Sie für ca. 4 Minuten oder bis die Seite goldbraun. Die andere Seite umdrehen und kochen für ca. 3 Minuten oder bis sie fest zum Anfassen ist. Servieren Sie mit Äpfeln und Spinat-Salat auf der Seite.

Sonntag - Frühstück

Zutaten für Keto Pfannenkuchen mit Beeren und Sahne

2 Eier

100 g Hüttenkäse

½ EL (4 g) gemahlenes Psylliumschalenpulver

30 g Butter oder Kokosöl

Toppings

60 g frische Himbeeren oder frische Blaubeeren oder frische Erdbeeren

125 ml Schlagsahne

Zubereitung

Eier, Hüttenkäse und gemahlenen Flohsamenschalenpulver in eine mittelgroße Schüssel geben und mischen. 5-10 Minuten einwirken lassen.

Butter oder Öl in einer Antihaft-Pfanne erhitzen. Braten Sie die Pfannkuchen bei mittlerer Hitze 3-4 Minuten lang auf jeder Seite.

In eine separate Schüssel die Schlagsahne zubereiten

Servieren Sie die Pfannkuchen mit Schlagsahne und Beeren Ihrer Wahl.

Überbackene Hähnchenbrust

Zubereitungszeit: 45 Minuten

4 Portionen

Zutaten:

4 frische Hühnerbrüste (1 wiegt ca. 185 g)

250 g Kirschtomaten

200 ml Sahne

100 g Schmelzkäse

100 g Mozzarella

2 EL Olivenöl

Salz, Pfeffer und Basilikum

Vorbereitung:

Backofen auf 200 Grad vorheizen

Zubereitung:

Die Hühnerbrüste mit Salz und Pfeffer würzen und in Olivenöl (1 EL) anbraten.

Kirschtomaten waschen und halbieren.

Die Sahne in einem separaten Topf zum Kochen bringen und den Schmelzkäse einrühren. Etwas Basilikum dazugeben, salzen und pfeffern.

Eine hitzebeständige Auflaufform mit Öl (1EL) einfetten, die Tomaten und das Fleisch darin positionieren und mit der Sahne-Käse-Soße übergießen.

Nun den Mozzarella über dem Fleisch verteilen. Optional weiter Käsesorten oder Butterflocken möglich. Für 30 Minuten im Ofen garen.

Nährwertangaben pro Portion:

551kcal/ 6g Kohlenhydrate/ 36g Fett/86g Protein

Avocadosalat mit Pilzen und Tomaten

Zutaten für 4 Portionen:

2 reife Avocados

Saft von 1 Limette

zusätzlich Limettensaft

6 EL Weißweinessig

Salz

Pfeffer

1 Prise getrockneter Oregano

4 EL Walnussöl

100 g Champignons

100 g Kirschtomaten

1 Schalotte

Zubereitung:

1. Avocado schälen, entkernen und in dünne Scheiben schneiden.
2. Mit dem Saft der Limette beträufeln.
3. Aus Weißweinessig, etwas Salz, Pfeffer, Oregano und Walnussöl ein Dressing rühren und die Avocados mit der Hälfte begießen.

4. Mit Alufolie abdecken und 30 Minuten im Kühlschrank marinieren.
5. Champignons putzen, feucht abreiben, in Scheiben schneiden und mit 2 EL Limettensaft beträufeln.
6. Kirschtomaten waschen, trocknen, putzen und Stielansätze entfernen.
7. Tomaten halbieren.
8. Schalotte schälen und hacken.
9. Pilze, Tomaten und Schalottenwürfel mit dem restlichen Dressing beträufeln und alles gut vermischen.

Den Salat auf Tellern anrichten und die Avocadoscheiben darauf verteilen.

Goldennussige Pekan-Fettbomben

Nicht nur bieten diese Pekan-Fettbomben-Riegel viele gesundheitliche Vorteile, sondern stellen auch eine einfache und komfortable Methode für einen Eiweißsnack dar, welcher nussig und gleichzeitig aromatisch ist!

Vorbereitungszeit: 5 Minuten

Kochzeit: 30 Minuten

Portionen: 12

Zutaten:

- 2 Tassen Pekannüsse, halbiert
- ½ Tasse zerkleinerte Kokosnuss, ungesüßt
- ¼ Teelöffel flüssiges Stevia
- 1 Tasse Mandelmehl
- ¼ Tasse Ahornsyrup, hausgemacht
- ½ Tasse Goldenes Leinsamenmehl
- ½ Tasse Kokosnussöl

Für den Ahornsyrup:

¾ Tasse Wasser

2 ¼ Teelöffel Kokosnussöl

¼ Tasse Erythrit, pulverisiert

½ Teelöffel Vanilleextrakt

1 Esslöffel Butter, ungesalzen

¼ Teelöffel Xanthan

2 Teelöffel Ahornextrakt

Zubereitungsmethode:

1)Fange damit an, die Pekannüsse auf einem Backbleck für 5 bis 8 Minuten zu backen oder bis diese anfangen, zu duften.

2)Lege danach die Pekannüsse in eine Plastiktüte und zerkleinere diese mit der Hilfe eines Nudelholzes.

3)Nimm nun eine mittelgroße Schüssel, füge das Mandelmehl, die zerkleinerte Kokosnuss und das Leinsamenmehl hinzu.

4)Rühre nun die zerkleinerten Pekannüsse unter und vermische alles gut miteinander.

5)Verrühre danach das Kokosnussöl, das Flüssigstevia und den Ahornsyrup gut miteinander, bis ein krümeliger Teig einsteht.

6)Lege diesen Teig nun auf ein Backblech mit Backpapier und verteile es gleichmäßig.

7)Backe dies für 18 bis 24 Minuten oder bis die Seiten leicht braun erscheinen.

8) Entferne die Pfanne aus dem Ofen und lasse diese abkühlen.

9) Sobald diese abgekühlt ist, stelle diese in den Kühlschrank für eine weitere Minute.

10) **Um den Ahornsyrup herzustellen**, kombiniere Xanthan, Butter und Kokosnussöl in einer mittelgroßen Schüssel und erhitze diese Masse in der Mikrowelle für 30 bis 50 Sekunden.

11) Füge als nächstes Wasser zur Buttermischung hinzu, zusammen mit Xantham, Stevia, Ahornextrakt und Vanilleextrakt, bis diese gut miteinander vermischt sind.

12) Erhitze es schließlich erneut für weitere 40 Sekunden und lass es danach abkühlen.

Tipp: Wenn du kein Leinsamenmehl besitzt, kannst du auch Chiasamen verwenden, allerdings in 2/3 der Menge.

Nährwertangaben:

☐ Kalorien- 303 kcal

☐ Fett- 30,5g

☐ Kohlenhydrate- 2gm

☐ Eiweiß 4,9gm

Gebackenes Pfirsichkompott

Zutaten:

- 4 Pfirsiche

- ½ Tasse tropische getrocknete Früchte

- ¼ Tasse Mandelsplitter

- 2 Esslöffel Kekskrümel

- 2 Esslöffel Rohrzucker

- ¼ Teelöffel gemahlenen Piment

- 1 Dose Pfirsichnektar

- ½ Tasse Vanillejogurt

Zubereitung:

- Heize den Ofen auf 175°C vor.

- Schäle die Pfirsiche, entkerne sie und schneide sie in Scheiben.

- Vermische in einer mittelgroßen Schüssel die getrockneten Früchte, die Pfirsiche, die Mandelsplitter, den Rohrzucker, die Kekskrümel und den Piment.

- Vermische in einer Backform den Pfirsichnektar mit der Mischung.

- Backe alles für 40 Minuten bis die Pfirsiche weich sind.

- Wenn es fertig ist, gieße den restlichen Pfirsichnektar ab und serviere es mit Vanillejogurt.

Buchweizen und Quinoa Müsli

Zutaten

- 3 EL Honig
- 3 EL flüssige Kokosöl
- 1 TL Vanille-Extrakt
- ¼ TL gemahlener Zimt
- ¼ TL gemahlener Ingwer
- 1 Tasse Buchweizen Hafer
- 1 Tasse gekochte quinoa
- ½ Tasse altmodischen Hafer
- ½ Tasse ungesüßten Preiselbeeren (getrocknet)

Vorbereitungen

1. Ofen mit einem 325° Fahrenheit Temp vorbereiten.

2. bereiten Sie ein Backblech mit leichtem Fett oder Ihre Backen Matte Silizium bereit.

3. Mischen Sie Ihren Honig, Kokosöl, Vanille-Extrakt, Zimt und gemahlen Sie Ingwer, in einer kleinen Schüssel.

4. zunächst beiseite stellen.

5. dann, mischen Sie, Buchweizen, Quinoa und Hafer in eine große Schüssel geben.

6. in Ihrem Honig-Mischung mischen Sie gründlich.

7. in vorbereitete Form füllen verbreiten Sie die Mischung gleichmäßig auf sowie gleichmäßig gebacken werden.

(8) backen, die es in Ihrem Ofen auf 325 ° F vorgewärmt.

9. wenn die Körner zu bräunen beginnen, dauert in der Regel 40 bis 45 Minuten, entfernen und Preiselbeeren unterrühren.

10. Stellen Sie sicher, es vollständig abkühlen, bevor Sie in luftdichte Lagerung platzieren.

Mittwoch-Mittagessen

Zutaten für Keto Garnelen und Artischocken-Platte

2 Eier (hart gekocht und geviertelt)

150 g Gekochte und geschälte Garnelen

200 g Artischocken aus der Dose

3 getrocknete Tomaten in Öl

60 ml Mayonnaise125

20 g Baby Spinat

2 EL Olivenöl

Prise Salz und Pfeffer

Zubereitung

Legen Sie Eier, Garnelen, Artischocken, Mayonnaise, getrocknete Tomaten und Spinat auf einen Teller.

Tropfenweise das Olivenöl über den Spinat geben und mit Salz und Pfeffer abschmecken.

Tipp: Für einen guten Geschmack, rate ich Ihnen Artischockenherzen und eingelegte getrocknete Tomaten in Olivenöl zu kaufen.

Übersicht pro Portion

Netto Kohlenhydrate: 3% (7 g)

Faser: 7 g

Fett: 81% (80 g)

Protein: 16% (36 g)

kcal: 928

French-Toast Muffins

Zubereitung: 20 Minuten

Zutaten:

6 Eier

120g Mandelmehl

40ml Schlagsahne

20g zerdrückte geröstete Mandeln

2 Esslöffel Kokosnussöl

30g Erdnussbutter

1 Esslöffel ungesalzene Butter

1 Teelöffel Vanille

1 Teelöffel Salz

¼ Teelöffel Muskatnuss

1 Teelöffel Zimt

10 Tropfen flüssiges Stevia

Zubereitung:

Ofen auf ca. 180 Grad vorheizen

Zimt, Mandelmehl, Salz und Muskatnuss werden nun vermengt.

In einer Schüssel Kokosnussöl, Butter und Erdnussbutter zugeben, dann 30-40 Sekunden in der Mikrowelle schmelzen lassen.

Erdnussbutter, Kokosöl, Butter, Eier, Vanille, Stevia und Schlagsahne zum Mandelmehl geben und gut vermischen.

Befüllen Sie nun eine passende Backform mit dem Teig und geben Sie oben auf die Mandelsplitter

Nährwertangaben pro Portion

183 kcal, 15g Fett, 3g Kohlenhydrate, 7g Eiweiß

Thunfisch-Salat

Zutaten für 2 Portionen:

1 Dose Thunfisch im eigenen Saft

2 Eier

200 g Kidney Bohnen

50 g Mais

½ rote Paprika

2 Frühlingszwiebeln

1 Bund Koriander

1 Bio Zitrone

Salz

Pfeffer

Muskatnuss

1 EL Olivenöl

Zubereitung:

1. Eier hart kochen.
2. Paprika waschen und in kleine Stücke schneiden.
3. Bohnen und Mais abtropfen lassen.
4. Frühlingszwiebel waschen und in kleine Scheiben schneiden.
5. Koriander waschen und trocken schütteln.

6. Thunfisch in eine Schüssel geben.
7. Paprika, Mais, Bohnen, Frühlingszwiebel und 1 EL Olivenöl hinzugeben und vermischen.
8. Eier schälen und in kleine Stücke schneiden.
9. Zum Salat geben.

Die Hälfte vom Koriander klein hacken und hinzufügen.

Die restlichen Korianderblätter vom Stiel trennen und beiseitelegen.

Salat mit Salz, Pfeffer und Muskat abschmecken.

Etwas Zitronenabrieb zum Salat geben.

Mit den restlichen Korianderblättern garnieren.

Schokolade-Avocado-Keto-Brownies

Wenn du auf der Suche nach einem Urlaubsdessert bist, welches wenig Kohlenhydrate besitzt, dann solltest du dieses Dessert für nach dem Mittagessen auf jeden Fall probieren. Es ist reichhaltig und gesund.

Vorbereitungszeit: 15 Minuten

Kochzeit: 25 Minuten

Portionen: 16

Zutaten:

100 g Dunkle Schokolade, gebrochen

1 Avocado, reif und vorzugsweise groß

¼ Tasse Butter

¼ Tasse Kokosnussmehl

3 Eier, vorzugsweise groß und organisch

¼ Teelöffel Pinkes Himalaya Salz

¾ Tasse pulverisiertes Erythritol

¼ Tasse Kokosnussmilch

1 ½ Tassen Mandelmehl

2 Teelöffel Backpulver

½ Tasse Kakaopulver, ungesüßt

Zubereitungsmethode:

1) Beginn damit, den Ofen auf 175 Grad Celsius vorzuheizen.

2) Nimm danach eine Schüssel und platziere diese in eine Pfanne mit dickem Boden, welche halb mit Wasser gefüllt ist.

3) Lege die zerkleinerte dunkle Schokolade in die Schüssel und erhitze danach die Pfanne auf mittlerer Hitze. Lass das Wasser kochen und drehe dann die Hitze herunter.

4) Verrühre die Butter als nächstes in der Schüssel, während diese mit gelegentlichem Verrühren schmilzt.

5) Platziere die Eier in der Zwischenzeit in die Schüssel eines Standmixers und füge Erythritol dazu und vermische dieses, bis eine weiche Form entsteht.

6) Füge nun das geschaufelte Innere der Avocado und die Kokosnussmilch in einen Mixer und vermische dies zu einem weichen Püree.

7) Gieße das Avocado-Püree in die Eimischung und verquirle dieses gut miteinander.

8) Hebe nun die Schokoladenmischung unter und vermische dieses erneut gut miteinander.

9) Wenn alles eine Masse ergibt, nimm eine weitere Schüssel, platziere darin Mandelmehl, Backpulver, Kokosnussmehl und Salz und vermische es miteinander.

10) Verbinde nun die Mandelmischung mit der feuchten Mischung und vermische beides gut.

11) Trage die Mischung auf ein Backblech mit Backpapier auf. Drücke es mit einem Spatel platt.

12) Backe es im Ofen für ungefähr 18 bis 25 Minuten oder bis es fest geworden ist.

13) Stelle den Brownie für einige Zeit auf die Arbeitsplatte, bis es abgekühlt ist. Danach schneide es in kleiner Stücke.

Tipp: Schwere Schlagsahne passt gut dazu.

Nährwertangaben:

- Kalorien- 169 kcal
- Fett- 14,8gm
- Kohlenhydrate- 3.8gm
- Eiweiß- 5,1g
- Ballaststoffe 3,5g

Abendessen Rezepte

Rindfleisch und Bohnen Chili Portionen: 4

Zutaten:

1 (15,5-Unze) Dose schwarze Bohnen, abgespült und abgetropft

1 (15,5-Unze) können rote Kidney-Bohnen, abgespült und abgetropft

2 (14,5 Unzen) Dosen gewürfelte Tomaten

1 (12-Unzen) Flaschenbier

1 Pfund Rindfleisch ohne Knochen Chuck, gehackt

1 große gelbe Zwiebel, gewürfelt

1 Teelöffel gehackter Knoblauch

2 EL Tomatenmark

2 Esslöffel Chilipulver

Prise Cayennepfeffer

Zubereitung:

1. Zutaten: in einem langsamen Kocher.

2. Rühren Sie bis alles gut vermischt und dann decken Sie den slow Cooker zu.

(3) bei schwacher Hitze kochen Sie für 7 bis 8 Stunden oder bei starker Hitze für 4 bis 5 Stunden, bis das Fleisch durchgegart ist.

4. servieren Sie das Chili heiß gewürfelte rote Zwiebel und geriebenem Käse garniert.

Gemüsesalat mit Salzzitrone

Zutaten für 4 Portionen:

☐ 3 grüne Paprikaschoten

☐ 2 Auberginen

☐ 2 Eier

☐ 1 EL Obstessig

☐ Salz

☐ 150 ml Pflanzenöl

☐ ½ eingelegte Salzzitrone

☐ 150 g grüne Oliven ohne Stein

☐ 2 EL Olivenöl

☐ Saft von 1 Zitrone

☐ Pfeffer

☐ 1 EL frisch gehackte Petersilie

Zubereitung:

1. Backofen auf 180°C (Umluft 160°C) vorheizen.
2. Paprikaschoten waschen, trocknen und im Ofen 20 Minuten backen, bis die Schale schwarz wird und Blasen wirft.

3. Paprika herausnehmen, abkühlen lassen, schälen, die Kerne entfernen und die Schoten in Stücke schneiden.
4. Auberginen waschen, trocknen, putzen und in etwa 1 cm große Würfel schneiden.
5. Die Eier trennen, Eiweiß verquirlen und mit dem Essig und ½ TL Salz mischen.
6. Die Auberginen in dieser Mischung wenden und im heißen Pflanzenöl ausbacken.
7. Aus der Pfanne nehmen und abtropfen lassen.
8. Die Salzzitrone schälen, die Schale waschen, trocknen und fein würfeln.
9. Das Gemüse mit Zitronenschale und Oliven mischen.

Aus Olivenöl, Zitronensaft, Salz und Pfeffer ein Dressing rühren und über den Salat geben.

Mit Petersilie bestreut servieren.

Sandwich Brot

Zutaten:

Teig:
150 **g** Mandelmus **(weiß)**

6 Bio-Eier

50 gKokosöl

30 gXylit (oder weniger, je nach gewünschter Süße)

30 **g** Leinsamen **(geschrotet)**

50 gKokosmehl

1 **TL**Weinsteinbackpulver **(glutenfrei)**

½ **TL** Salz

Bestreuen:
10 **g** Leinsamen **(geschrotet)**

Zubereitung:

1. Backofen vorheizen auf 175 ° Umluft.
2. Kastenform mit Backpapier auslegen.
3. Topf auf dem Herd erhitzen.
4. Kokosöl in den Topf geben und schmelzen.
5. Danach soweit abkühlen lassen, bis es lauwarm ist.
6. Mixer bereitstellen.
7. Eier in den Mixer schlagen.
8. Mandelmus und Kokosöl zugeben.
9. Alles zu einer gleichmäßigen Masse vermischen.

Rührschüssel bereitstellen.

Das Xylit, Leinsamen, Kokosmehl, Backpulver und Salz in die Schüssel geben.

Zutaten vermischen.

Nun langsam die Xylit-Mischung zu der Eier-Mischung in den Mixer geben.

Dabei ständig weiter rühren.

Die Teigmasse dann in die Kastenform geben und glatt streichen.

Wer möchte, kann dann noch ein wenig Leinsamen oben aufstreuen.

Form in den Ofen geben und ca. 35 – 45 Minuten backen.

Brot herausnehmen, stürzen und abkühlen lassen.

3-Blumenkohlsalat mit Speck

(Einer meiner Favoriten)

Zutaten

12 Scheiben zuckerfreier Bacon
4 Tassen fein gehackter Blumenkohl
2 mittlere Zwiebel (fein gehackt)
2 Knoblauchzehe (fein gehackt)
2 TL Salz & Pfeffer

Zubereitung

Kochzeit: ca. 5 Min

Den Bacon in einer Pfanne bei mittlerer Stufe anbraten, bis er anfängt schön knusprig zu werden.
Den Bacon etwas abkühlen lassen und danach in kleine Würfel schneiden.
Den gehackten Blumenkohl, die gewürfelten Zwiebel- und Knoblauch Stücke in
die Pfanne hinzugeben.
Ca 5 Minuten kochen lassen, bis der Blumenkohl beginnt leicht bräunlich zu werden.
Alles mit Salz und Pfeffer abschmecken.

Darüber die pochierten Eier und den Speck geben.

Avocado-Speck-Körbchen

Zubereitungszeit: 35 Minuten

Zutaten für 6 Portionen

- 12 Streifen Frühstücksspeck
- 80 g Avocado
- 4 Bio-Eier
- ½ TL Meersalz
- ¼ TL Pfeffer

Zubereitung

Den Backofen auf 180°C Umluft vorheizen. 6 Muffinförmchen in ein Muffinblech einsetzen.

Nun 6 Scheiben Bacon halbieren und überkreuz in die Formen legen. Dann einen zweiten Streifen vertikal an die Ränder legen, so dass ein kleiner Korb entsteht. Anschließend im Ofen etwa 12-15 Minuten backen.

Aus den übrigen Zutaten mit dem Stabmixer einer Creme mixen.

Sind die Körbchen knusprig, die Creme einfüllen und servieren.

Ketogene Auberginen-Champignon Pizza

Zutaten für zwei Personen

1 Aubergine

70 g Champignons

100 g Tomaten

25 g Tomatenmark

120 g Mozzarella geschreddert

2 EL Olivenöl

1 Chilischote

1 EL Italienische Kräuter

1 Prise Pfeffer

1 Prise Salz

Zubereitung

Zunächst bereitest du die Zutaten für das Pizza-Rezept zusammen und heizt den Backofen auf 180° C vor

Dann schneidest du die Auberginen in ca. 1cm dicke Scheiben.

Die Scheiben salzt du von beiden Seiten kräftig und schiebst diese für 10 Minuten in den Ofen.

Nun vermischst du Tomatenmark, Olivenöl und Gewürze und verteilst diese auf den Auberginen-Scheiben.

Die Tomaten, Champignons, Chili-Schoten und Mozzarella schneidest du klein.

Die Zutaten verteilst du schließlich auf den Auberginen-Scheiben und backst alles 10 Minuten lang im Backofen fertig.

Nährwertangabe für das Rezept

Kcal	Kohlenhydrate	Eiweiß	Fett
40	1 g	3 g	3 g

Freitag – Abendessen

Zutaten für eine Keto Pizza

Pizzateig

360 ml geschredderter Mozzarella Käse

100 g Mandelmehl

2 EL Frischkäse

1 TL Weißweinessig

1 Ei

½ TL Salz

Olivenöl, für Ihre Hände, damit man besser kneten kann

Belag

225 g italienische Wurst

1 EL Butter

125 ml ungesüßte Tomatensauce

½ TL getrockneter Oregano

360 ml geschredderter Mozzarella Käse

Zubereitung

Den Ofen auf 200 ° C vorheizen.

Mozzarella und Frischkäse in einer kleinen beschichteten Pfanne bei mittlerer Hitze oder in einer Schüssel in der Mikrowelle erhitzen.

Rühren Sie bis alles gut zusammen verschmolzen ist. Fügen Sie die anderen Zutaten hinzu und weiter gut mischen

Befeuchten Sie Ihre Hände mit Olivenöl und breiten Sie den Teig auf Pergamentpapier aus, indem Sie einen Kreis von ca. 20 cm Durchmesser formen. Sie können auch einen Nudelholz verwenden, da empfehle ich Ihnen dass Sie ein zweites Pergamentpapier oben drauf legen und dann mit dem Nudelholz drüber rollen. Dadurch wird der Teig schön glatt.

Entfernen Sie das obere Pergamentpapier (falls Sie es verwendet haben). Stechen Sie mit einer Gabel in den bevor in den Ofen geht.

Den Teig für 10-12 Minuten in den Ofen geben, bis er goldbraun ist. Danach aus dem Ofen nehmen.

Während der Teig im Ofen ist, Die Wurstscheiben kurz anbraten in Olivenöl oder Butter.

Eine dünne Schicht Tomatensoße auf den Pizzateig streichen. Die Pizza mit den Wurstscheiben und reichlich Käse belegen. Und nochmals für 10-15

Minuten oder bis der Käse geschmolzen bei 200 ° C backen lassen

Oregano darüber streuen und mit einem grünen Salat servieren.

Übersicht pro halbe Pizza

Netto Kohlenhydrate: 3% (10 g)

Faser: 1 g

Fett: 76% (110 g)

Protein: 21% (67 g)

kcal: 1316

Panierte Hähnchenbrust auf gemischtem Salat

Du brauchst für vier Personen folgende Zutaten:

50g feingehackte Pistazien

4 Hähnchenbrustfilets (ca. 500g)

2 Eier

1 grünen Salatkopf

4 Tomaten

1 Gurke

Essig und Öl für das Dressing

Salz und Pfeffer

Ein zu panierendes Schnitzel scheint auf den ersten Blick nicht zur ketogenen Diät zu passen. Bei diesem Rezept besteht die Panade allerdings nicht aus Semmelbrösel, sondern aus feingehackten Pistazien. Falls diese noch nicht gehackt sind, ist es deine erste Aufgabe, sie möglichst fein zu hacken.

1. Das Hähnchenbrustfilets mit dem Fleischklopfer behandeln, damit es schön flach ist. Danach salzen und pfeffern. Die Eier in einem tiefen Teller verquirlen und

dann das Fleisch hindurchziehen. Jetzt in einen zweiten Teller die gehackten Pistazien anrichten und das Schnitzel auch hier durchziehen (panieren). Gib nun etwas Öl in eine Pfanne und brate die Hähnchenschnitzel knusprig braun. In der Zwischenzeit kannst du den Salat zubereiten.

2. Den Salat waschen und die Einzelteile in mundgerechte Stücke teilen. Du kannst auch einen anderen Salat verwenden. Einfach diesen mit Olivenöl und Balsam-Essig beträufeln, mit Salz und Pfeffer würzen.

Erdbeer-Kokos-Smoothie

Zubereitungszeit: 10 Minuten

1 Portion

Zutaten:

250 ml ungesüßte Kokosmilch

100 ml Sahne

100 g Erdbeeren (entspricht ca. 5 mittelgroßen Erdbeeren)

2 EL zuckerfreier Vanillesirup

Zubereitung:

Alle Zutaten in einen Mixer geben und Eiswürfel hinzufügen.

Gut durchmixen bis die Erdbeeren zerkleinert wurden und in ein Glas füllen.

Nährwertangaben pro Portion:

392kcal/14g Kohlenhydrate/32g Fett/3g Protein

Rührei mit Lachs

Zutaten für 4 Portionen:

8 Eier

2 EL Sojasauce

Salz

Cayennepfeffer

2 EL frisch gehackter Dill

200 g geräucherter Lachs

3 Frühlingszwiebeln

3 EL Öl

Korianderblättchen zum Garnieren

Zubereitung:

Eier mit Sojasauce, etwas Salz, Cayennepfeffer und Dill verquirlen.

Frühlingszwiebeln waschen, trocknen, putzen und in Ringe schneiden.

Lachs in Streifen schneiden.

Öl in einer Pfanne erhitzen und die Frühlingszwiebeln darin andünsten.

Die verquirlten Eier und die Lachsstreifen hinzufügen und alles garen, bis die Eier zu stocken beginnen.

Das Rührei mit Korianderblättchen garniert servieren.

Dazu Vollkornbrot mit Butter reichen.

Kraut-gebratenes ganzes Huhn

Für ein Wochenende Familienessen oder eine kleine Party nichts geht über das Aroma und den Reiz der ein knusprig, goldene gebratenes Huhn. Gibt es nur ein oder zwei von Ihnen zu Hause, haben Sie diese für einen Abend und genießen Sie die Reste in Salaten, Sandwiches oder Pasta-Gerichte.

Zutaten:

- 1 (3bis 31/2-Pfund) Braten Huhn
- 1 Esslöffel kaltgepresstes Olivenöl
- 4 Rosmarin Zweige
- 6 Thymian Zweige
- 4 frische Salbeiblätter
- 1 Lorbeerblatt
- 1 Teelöffel frisch gepresster Zitronensaft
- 1 Teelöffel Salz
- 1/2 Teelöffel frisch gemahlener schwarzer Pfeffer

Anfahrt:

Heizen Sie den Backofen auf 400° F. Statt einem Rack in einem großen Bräter.

Reiben Sie das Öl überall auf das Huhn. Dabei lösen Sie vorsichtig die Haut über der Brust, eine Tasche zu bilden.

Schieben Sie die Hälfte der Rosmarin und Thymian Zweige unter der Haut über der Brust, und legen Sie die Blätter Salbei, Lorbeer und restlichen Zweige in den Hohlraum.

Reiben Sie mit dem Zitronensaft beträufeln und mit Salz und Pfeffer würzen.

Rösten Sie, bis ein Instant-lesen-Thermometer in den Oberschenkel eingefügt 165 ° F, 50 bis 60 Minuten registriert. Aus dem Ofen nehmen und vor dem Schnitzen 10 Minuten ruhen lassen.

Chicoreesalat mit Trauben und Mango

Zutaten für 4 Portionen:

☐ 2 Chicoreestauden

☐ 400 g grüne Trauben

☐ 1 Mango

☐ ½ Honigmelone

☐ 100 g getrocknete Datteln

☐ 250 ml Buttermilch

☐ 5 EL Grappa

☐ 2 EL Creme double

☐ 3 EL Mangosaft

☐ Zitronenpfeffer

☐ je 1 Pise Kardamom- und Nelkenpulver

☐ 50 g gehackte Pekannüsse

Zubereitung:

1. Chicorée waschen, trocknen, halbieren, den bitteren Strunk herausschneiden und Blätter in Streifen schneiden.
2. Trauben waschen, trocken tupfen, halbieren und entkernen.

3. Mango schälen, halbieren und das Fruchtfleisch in Spalten vom Kern schneiden.
4. Melone entkernen und das Fruchtfleisch mit einem Kugelausstecher herauslösen.
5. Datteln vom Kern befreien und in Streifen schneiden.
6. Die Früchte und den Chicorée in einer Schüssel mischen.
7. Buttermilch mit dem Grappa, der Creme double und dem Mangosaft verrühren und mit den Gewürzen abschmecken.
8. Über den Salat geben und mit den Pekannüssen garniert servieren.

Mandelmilch

Zutaten:

200 g Mandeln

1 l **Wasser**

1 **Vanillebohne**

1 l Milch

Süße nach Wahl

Zubereitung:

1. Wasser in eine Schale füllen.
2. Mandeln in das Wasser geben.
3. Das ganze mindestens 8 Stunden einweichen lassen.
4. Wasser abkippen.
5. Mixer bereitstellen.
6. Mandeln in den Mixer geben.

7. 1 Liter Milch zufügen und das ganze kurz durchmixen.
8. Vanillebohne aufschneiden.
9. Mark herauskratzen und in den Mixer geben.

Bei Bedarf etwas Stevia zufügen.

Nun alles gründlich durchmixen.

Danach noch alles durch einen Nussmilchbeutel filtern, damit keine festen Stücke in der Milch sind.

10-Ei-Avocado-Frühstück

Zutaten

2 Avocados
4 Eier
Etwas Bacon in Würfel
2 EL Käse (Parmesan, Mozzarella)
Salz und Pfeffer

Zubereitung

Kochzeit: ca. 15 Min
1-Den Backofen auf 150°C vorheizen.
2-Die Avocados halbieren und den Kern entnehmen.
3-Eine kleine Grube mit einem Teelöffel in jede Avocado-Hälfte formen (etwas größer als das Ei).
4-Jeweils ein Ei in jede Avocado-Hälfte legen. Etwas

Käse darüber streuen und mit Salz & Pfeffer abschmecken. Danach den Bacon darauflegen.
5-Die Avocados nun für etwa 15 Minuten im Ofen backen lassen.

Käse-Omelett

Zubereitungszeit: 20 Minuten

Zutaten für 2 Portionen

- 2 Stiele Koriander
- 4 Stiele Schnittlauch
- 3 große Bio-Eier
- 3 EL Sahne
- 50 g geriebener Gouda
- 50 g geriebener Parmesan
- Meersalz, Pfeffer
- 3 TL Weidebutter

6 Scheiben Salami

Zubereitung

Die Kräuter waschen und klein schneiden. Die Eier mit Sahne verquirlen und mit Salz und Pfeffer würzen.

In einer Pfanne 1 TL Butter zerlassen. Etwa die Hälfte der Käsesorten in die Pfanne geben und ca. 1 Minuten schmelzen. Dann die Hälfte der Eimasse darüber geben und gut verteilen. Nun abgedeckt etwa 2 Minuten backen.

Eine Hälfte des Omeletts mit 3 Scheiben Salami belegen. Anschließend das Omelett zusammenklappen. Dann weitere 2 Minuten backen. Danach herausnehmen und warm halten.

Mit den übrigen Zutaten ebenso verfahren.

Die Omeletts mit den Kräutern bestreuen und servieren.

Ketogene Pilz-Krabben-Pfanne mit Parmesan

Zutaten für zwei Personen

1 kleine Zwiebel

4 rosa Champignons

1 EL Butter

1 EL Olivenöl

2 Bio-Eier

Salz

Pfeffer

2 EL gehackter Dill

100 g Nordseekrabbenfleisch

20 g Parmesan

10 Kirschtomaten

Zubereitung

Zu Beginn ziehst du die Zwiebel ab und hackst sie fein. Die Champignons putzt du, und schneidest sie in feine Würfel. Beides dünstest du dann in Butter und Olivenöl an. Die Eier verquirlst du in einer kleinen Schüssel. Jetzt gibst du noch Salz, Pfeffer und gehackten Dill hinzu.

Die Krabben verteilst du auf der Zwiebel-Pilz-Mischung und gießt die Eimischung darüber und lässt es bei mittlerer Hitze 5 Minuten stocken.

Den Parmesan hobelst du fein und lässt ihn auf dem gestockten Ei leicht anschmelzen. Dies teilst du dann auf zwei Teller auf, richtest es mit den halbierten Kirschtomaten an und mahlst zum Schluss noch etwas frischen Pfeffer darüber.

Nährwertangabe für das Rezept

Kcal	Kohlenhydrate	Eiweiß	Fett
260	3 g	21 g	18 g

Keto Eihälften mit Garnelen (4 Portionen)

Zutaten

4 Eier hart gekocht und in Hälften geschnitten

1 TL Tabasco

60 ml Mayonnaise

1 Prise Salz Oder Kräuoersalz

8 gekochte und geschälte Garnelen oder Streifen von geräuchertem Lachs

frischer Dill

Zubereitung

Die Eier in zwei Hälften teilen und die Eigelbe herausnehmen.

Legen Sie das Eiweiß auf einen Teller.

Das Eigelb mit einer Gabel zerdrücken und Tabasco, Kräutersalz und (Hausgemachte) Mayonnaise hinzufügen.

Fügen Sie die Mischung, mit zwei Löffeln, zu den Eiweißen und ganz oben drauf kommt dann die Garnele drauf oder einem Stück geräuchertem Lachs geht auch.

Mit Dill dekorieren.

Übersicht pro Portion

Netto-Kohlenhydrate: 1% (0,5 g)

Faser: 0 g

Fett: 83% (15 g)

Protein: 16% (7 g)

kcal: 163

Knusperfisch auf Rauke

Zutaten für 2 Personen:

- 1 große, reife Avocado
- schwarzer Pfeffer aus der Mühle
- 200 g Seelachsfilet
- 1 Bund Rauke
- 2 Zitronen - nur der Saft
- 1 EL Olivenöl
- 1 Schalotte
- 4 EL Gemüsebrühe
- 2 Tropfen Sesamöl
- Jodsalz

Zubereitung:

1. Spülen Sie bitte den Seelachsfilet ab, danach trocken tupfen. Nun in Stücke schneiden. Diesen beträufeln Sie mit 1 EL Zitronensaft.
2. Die Avocado halbieren Sie, danach schälen, und bitte in Spalten schneiden.
3. Würfeln Sie die Schalotte fein.
4. Die Rauke Spülen Sie bitte gründlich ab, schütteln und trocknen Sie diese ab. Nun in kleine Stücke zupfen.

5. Das Öl erhitzen Sie in einer beschichteten Pfanne, braten den Fisch darin knusprig an. Nun noch salzen und pfeffern.
6. Wenn dieser fertig ist, nehmen Sie den Fisch aus der Pfanne heraus.
7. Die Schalotte verrühren Sie bitte mit Zitronensaft sowie Brühe im Bratfond.
8. Nun können Sie die Avocado, Rauke und den Fisch anrichten. Zum Schluss beträufeln Sie alles mit ein wenig Dressing.

Gluten freie Erdbeer Crepes

Zutaten:

- 6 Tassen Erdbeeren (in Scheiben geschnitten)
- 2 EL Zucker oder Honig
- 4 großen Eiern
- 1 Tasse ungesüßten Mandelmilch
- 2 EL Olivenöl
- 1 TL Vanille-Extrakt
- 1 EL brauner Zucker
- Frontalsteifigkeit TL Salz
- ¾ Tasse glutenfreie Mehl (Backmischung)

Vorbereitungen

1. Mischen Sie Ihre Erdbeeren und Zucker in einen sauberen Behälter.

(2) 30 Minuten bei Raumtemperatur stehen lassen.

3. Schneebesen in Eiern, Milch, Olivenöl, Vanille, Zucker, leichte Zucker und Salz in einer mittelgroßen Schüssel, bis gut kombiniert.

4. das Mehl mischen und gut verrühren.

5. Wärme ein Crepe Antihaft-Pfanne, etwa 8 bis 9 Zoll im Durchmesser.

6. Gießen Sie etwa ¼ Tasse Teig in die Pfanne.

(7) wirbeln und zu komplett beschichten die Antihaft-Pfanne.

8. Ihre Crêpe flip, wenn es anfängt zu kochen die andere Seite bräunen. Dies dauert in der Regel 30 bis 40 Sekunden.

(9) die anderen Seite dauert in der Regel 10 Sekunden.

10. Seien Sie wachsam, verbrannten Crêpes zu vermeiden.

11. Legen Sie sie auf einer Platte anrichten.

12. Löffel ein etwa ½ Tasse Erdbeeren mischen und legen Sie es in der Mitte die Crepe.

13 Falten Sie die Crêpe in einem Halbkreis um die Erdbeeren decken.

14. beträufeln Sie die Säfte aus Ihr Erdbeeren Mischung für mehr Geschmack.

15. servieren und genießen.

Tofugeschnetzeltes mit Austernpilzen

Zutaten für 4 Portionen:

☐ 20 g Tofu

☐ Salz

☐ Pfeffer

☐ 2 EL Limettensaft

☐ ½ TL Currypulver

☐ 2 EL Sojasauce

☐ 4 EL Olivenöl

☐ 40 g Austernpilze

☐ 1 EL Mehl

☐ 100 g Créme Fraîche

☐ 3 EL Weißwein

☐ Muskatnuss

☐ Cayennepfeffer

☐ 1 Frühlingszwiebel

Zubereitung:

1. Tofu in Streifen schneiden und mit Salz und Pfeffer würzen.

2. Limettensaft mit Curry und Sojasauce mischen und die Tofustreifen darin etwa 15 Minuten marinieren.
3. Austernpilze putzen, feucht abreiben, klein schneiden und in 2 EL heißem Öl schmoren.
4. Mehl über Pilze stäuben und anrösten.
5. Créme Fraîche und Wein hinzufügen und unterrühren.
6. Mit Muskat und Cayennepfeffer würzen und 8 Minuten köcheln.
7. Tofustreifen abtropfen lassen und im restlichen Öl in einer zweiten Pfanne knusprig braten.
8. Unter die Pilzmischung heben.
9. Frühlingszwiebel waschen, trocknen und in Ringe schneiden.

Gericht auf Teller verteilen und mit den Frühlingszwiebelröllchen garnieren.

Dazu nach Packungsanweisung gegarten Langkornreis servieren.

Smoothie mit Nuss

Zutaten:

1 Banane

200 ml Mandel- oder Kokosmilch

2 EL Haselnussbutter

1 EL Kokosöl

½ TL Vanillepulver

½ TL gemahlener Kardamom

½ TL gemahlener Zimt

etwas Kakaopulver nach Geschmack

Zum Garnieren:
Bananenscheiben

geriebene Zartbitterschokolade

Zubereitung:

1. Mixer bereitstellen.
2. Banane schälen und in Scheiben schneiden.
3. Bananenscheiben in den Gefrierschrank für ca. 20 Minuten.
4. Dann die Scheiben in den Mixer geben.
5. Die Milch, die Haselnussbutter, und das Kokosöl dazugeben und gründlich pürieren.
6. Nun die Vanille, den Kardamon und den Zimt ebenfalls zugeben und erneut gründlich vermischen.
7. Nach Belieben Kakaopulver zugeben.
8. Zum Servieren in ein hohes Glas füllen.
9. Gegebenenfalls mit Bananenscheiben und/oder Schokoraspeln garnieren.

5-Keto Radieschen

Zutaten

3	Tassen	halbierte	Radieschen
2	TL		Meersalz
etwas		schwarzen	Pfeffer
3	Zweige	frischen	Bio-Rosmarin
3	EL		Olivenöl

Zubereitung

Kochzeit: ca. 30:35 Min

1-Der Backofen auf 220° Grad vorheizen.
2-Die Stiele der Radieschen entfernen, die Blätter davon trennen und sie

beiseitelegen.
3-Die Radieschen in Hälften oder Viertel schneiden
4-Mit einem Mörser und Stößel 1 TL Meersalz zusammen mit dem Pfeffer zerdrücken. Den Rosmrin grob hacken.
5-2 EL Olivenöl, Rosmarin, Salz und Pfeffer zu den Radieschen hinzugeben.
6-Alles auf ein mit Backpapier ausgelegtes Backblech geben.
7-Im Backofen bei 220° Grad für 30 bis 35 Minuten backen lassen, bis die Radieschen gebräunt und knusprig sind.
8-In einer großen Pfanne 1 EL Olivenöl bei mittlerer Hitze erhitzen

9-Die Radieschen, die Blätter und 1 TL Salz in die Pfanne geben und alles kurz anbraten lassen.

Burger-Brötchen

Zubereitungszeit: 60 Minuten

Zutaten für 4 Stück

- 60 g Mandelmehl
- 60 g Kokosmehl
- 30 g gemahlene Mandeln
- 20 g Flohsamenschalen
- 20 g Leinsamen
- 1 Pck. Backpulver
- 30 g getrocknete Tomaten
- Gewürze nach Wahl – Salz, Pfeffer
- 3 große Bio-Eier
- 250 ml kochendes Wasser
- 2 EL Kräuter-Frischkäse

Zubereitung

Den Backofen auf 170°C vorheizen. Das Backblech mit Backpapier belegen.

Nun Mehle, Mandeln, Flohsamen, Leinsamen und Backpulver in einer Schüssel mischen.

Die Tomaten klein schneiden und mit den Gewürzen zugeben. Die Eier trennen und die Eiweiß in die Mischung rühren. Dann langsam das Wasser unter Rühren dazufügen und den Frischkäse einrühren. Einen Teig verrühren.

Aus dem Teig nun auf dem Blech 4 flache Burger-Brötchen formen. Diese im Ofen 40-45 Minuten fertig backen.

Ketogener Endiviensalat mit Sesam-Ziegenkäse-Talern

Zutaten für zwei Personen

100 g Endivie

50 g Feldsalat

0,3 rote Spitzpaprika

1 kleine Orange

4 TL Sesam

0,3 TL Chiliflocken

4 Ziegenfrischkäsetaler

2 TL körniger Senf

2 TL Joghurt

2 TL Salatmayonnaise

1 EL weißer Balsamico

1 EL Olivenöl

Salz

Pfeffer

2 Spritzer Kürbiskernöl

Zubereitung

Zunächst schneidest du die Endivie in feine Streifen, ebenso wie den Feldsalat und die Paprika. Diese Zutaten verteilst du dann auf zwei Teller.

Jetzt wäschst du die Orange heiß ab. Dann raspelst du einen Teil der Schale sehr fein ab und vermischt dies mit Sesam und Chiliflocken. Die Ziegenfrischkäsetaler wälzt du dann in der Mischung und legst diese je zwei auf einen Salatteller. Jetzt wird die Orange halbiert - eine Hälfte ausgepresst, die andere frittiert - und die frittierte Hälfte ebenfalls auf dem Salatteller anrichten.

Zum Schluss verquirlst du alle Dressing Zutaten gut miteinander und rührst dann den Orangensaft unter. Das Dressing gibst du über den Salat und tröpflest etwas Kürbiskernöl darüber.

Nährwertangabe für das Rezept

Kcal	Kohlenhydrate	Eiweiß	Fett
275	9 g	11 g	21 g

Keto Käse-Salamiplatte (2 Portionen)

Zutaten

200 g Brie Käse

110 g Salami, in dünnen Scheiben geschnitten

50 g Salat

1 Avocado, ausgeholt und halbiert

125 ml Macadamianüsse

60 ml Olivenöl

Zubereitung

Legen Sie Käse, Salami, Salat, Avocado und Nüsse auf einen Teller. Öl über den Salat träufeln und servieren.

Übersicht pro Portion

Netto Kohlenhydrate: 2% (5 g)

Faser: 10 g

Fett: 85% (113 g)

Protein: 13% (38 g)

kcal: 1203

Ungarisches Gulasch:

<u>Zutaten:</u>

2 Pfund Eintopf Fleisch in 1" Würfel schneiden

1 große Zwiebel, in Scheiben geschnitten

1 Knoblauchzehe, fein gehackt

1/2 Tasse ketchup

2 Esslöffel Worcestershire-sauce

1 El Braunzucker

2 Teelöffel Salz

2 Teelöffel Paprikapulver

1/2 Teelöffel trockenen Senf

1 Tasse Wasser

1/2 Tasse Mehl

<u>Anweisungen</u>

Dazugeben Sie das gewürfelte schmoren Fleisch zu einem slow Cooker und Abdeckung mit den in Scheiben geschnittenen Zwiebeln.

In einer großen Schüssel vermischen der Senf, Paprika, Salz, Zucker, Worcestershire Sauce, Ketchup und

Knoblauch. Mit dem Wasser vermischen und über das Fleisch gießen.

Legen Sie Ihrem slow Cooker auf einer niedrigen Einstellung und kochen für 8 bis 9 Stunden.

15 Minuten vor dem servieren schalten die Herd Einstellung zu hoch.

Eine kleine Menge Wasser das Mehl hinzufügen und gut durchmischen, Fleisch-Mischung hinzufügen und rühren.

Für 10 bis 15 Minuten eindicken lassen.

Mit heißen weißen Reis servieren.

Italienische Gemüseplatte mit Zucchini und Möhren

Zutaten für 4 Portionen:

☐ 250 g Zucchini

☐ 3 EL Öl

☐ 1 EL Zitronensaft

☐ Salz

☐ Pfeffer

☐ Paprikapulver

☐ ½ Bund italienischer Kräuter

☐ 250 g junge Möhren

☐ 1 TL Gemüsebrühe

☐ ½ TL Zucker

☐ 2 EL Himbeeressig

☐ 3 EL Olivenöl

☐ 2 Estragonzweige

Zubereitung:

1. Zucchini waschen, trocknen, putzen, in Scheiben schneiden und in heißem Öl andünsten.

2. Mit Zitronensaft beträufeln und mit Salz, Pfeffer und Paprikapulver würzen.
3. Die Kräuter waschen, trocken schütteln und die Blättchen hacken.
4. Zum Gemüse geben.
5. Wenn das Gemüse gar ist, vom Herd nehmen.
6. Möhren schälen, putzen und längs in dünne Streifen schneiden.
7. 6 EL Wasser mit der Gemüsebrühe verrühren, Zucker und Essig unterrühren, aufkochen und die Möhrenstreifen darin ca. 5 Minuten blanchieren.
8. Möhren im Sud erkalten und in einem Sieb abtropfen lassen.
9. Mit dem Olivenöl mischen, Estragon waschen, trocken tupfen, die Blättchen hacken und zu den Möhren geben.

15 Minuten ziehen lassen und servieren.

Spinat-Feta-Tasche

Zutaten:

Brotteig

300 g Bread Fit Backmischung

3 Bio-Eier

45 ml natives Olivenöl

160 **ml** Wasser

Füllung

1 Eigelb

40 **g** Feta

10 g natives Olivenöl

1 Knoblauchzehe

250 g Blattspinat (tiefgekühlt oder frisch)
    Salz, Pfeffer

Zubereitung:

1. Backofen vorheizen auf 175 ° Umluft.
2. Backblech mit Backpapier auslegen.
3. Rührschüssel bereitstellen.
4. Die Eier in die Schüssel aufschlagen.
5. Wasser sowie Öl in die Schüssel zugeben und schaumig rühren.
6. Nun die Backmischung langsam zugeben und mit der Hand durchknete.
7. Teig nun in 4 Teile teilen.
8. Jeden Stück ca. 1 cm dick ausrollen.
9. Pfanne mit Öl auf dem Herd erhitzen.

Knobi schälen und in feine Würfel schneiden.

Spinat zugeben und mit Salz und Pfeffer abschmecken.

So lange braten, bis der Spinat zusammengefallen ist.

Zwischenzeitlich den Feta klein würfeln.

Wenn der Spinat zusammengefallen ist, Pfanne vom Herd nehmen und beiseite stellen.

Die Spinatmasse in ein Sieb geben und gründlich ausdrücken.

Danach den Käse unter die Spinatmasse mischen.

Nun ca. 1 – 2 EL der Spinat-Masse in die Teigtasche geben und diese über Eck verschließen. (Man kann auch alle vier Seiten einfach zur Mitte klappen.)

Sodann die Tasche mit der Verschluss-Seite nach unten auf das Backblech geben.

Mit einem Messer vorsichtig leicht einschneiden.

Dan für ca. 35 Minuten in den Ofen geben und backen.

13-Hähnchen-Knoblauch-Pesto-Pasta mit Parmesan

Zutaten

250 g Penne oder andere Nudeln. z. B. Nudelkelche

2 Hühnerbrüste, ca. 500 g

1 Pck Datteltomaten, ca. 250 g

3 Knoblauchzehen

1 Becher Sahne

100 g Parmesan

1 Glas Pesto, grünes, ca. 150 - 190 g

Etwas Wasser

1/2 EL Meersalz

1/2 EL Pfeffer, schwarzer, frisch gemahlen

6 Blätter Basilikum zum Garnieren

-

Zubereitung

Kochzeit: ca 20 Min

1-Die Pasta beiseite stellen und die Datteltomaten halbieren.
2-Den Knoblauch in feine Schnitten hacken und die Hühnerbrüste abwaschen, mit Küchenkrepp abtrocknen und in kleinere Schnitten schneiden.
3-Das Pesto aus dem Glas nehmen und mit ein bisschen Wasser fließfähig rühren.
4-Die Pfanne erwärmen, das Fleisch rundherum schön braun anbraten.
5-Den gehackten Knoblauch hinzufügen und vermischen. Für eine Minute weiter braten lassen.
6-Sahne, Parmesan und Pesto hinzugeben, alles gut vermischen und aufkochen lassen.
7-Die geschnittenen Datteltomaten, Gewürze sowie Pasta in die Pfanne geben (Bei reduzierter Hitze ca 5 Minuten kochen lassen). Alles mit Deckel bei niedriger Hitze ziehen lassen. Gleichzeitig das gewaschene Basilikum klein hacken und danach servieren.

Kürbisbrot

Zubereitungszeit: 65 Minuten

Zutaten für 1 Brotlaib

- 50 g Leinsamenmehl
- 25 g Kokosmehl
- 2 TL Backpulver
- 1 Prise Meersalz
- 75 g Kürbis nach Wahl
- 75 g griechischer Joghurt
- 3 Bio-Eier
- 50 g Kürbiskerne

1 Eigelb

Zubereitung

Den Backofen auf 180°C vorheizen. Eine Kastenform einfetten.

Die Mehle mit Backpulver und Salz vermischen.

Den Kürbis klein schneiden und etwa 3-4 Minuten weich kochen. Dann mit dem Stabmixer fein pürieren. Das Püree mit Joghurt und Eiern gut vermengen.

Nun die Mehle mit dem Püree vermischen, ohne dass Mehlklumpen bleiben. Dann Kürbiskerne einrühren.

Den Teig nun in die Brotform füllen und die Oberfläche mit Eigelb bestreichen. Dann einige Kürbiskerne darüber streuen.

Nun im Ofen 50-60 Minuten backen.

Ketogener Spargel im Speckmantel

Zutaten für zwei Personen

500 g Spargel

100 g Speck

20 ml Kokosöl

1 TL Salz

1/2 TL Pfeffer

<u>Zubereitung</u>

Bevor du startest, heizt du den Ofen auf 150° C vor

Als nächsten Schritt wäscht und schälst du den Spargel. Dann umwickelst du je 3 Stangen mit einer Scheibe Speck und legst diese auf ein Backblech

Folgend mit dem Kokosöl einölen und mit Salz und Pfeffer würzen

Zum Schluss backst du es bei 150° Umluft ca. 20-30 min

Nährwertangabe für das Rezept

Kcal	Kohlenhydrate	Eiweiß	Fett
259	5 g	14 g	20 g

Keto Sesambrot

Zutaten

4 Eier

200 g Frischkäse

4 EL Sesamöl oder Olivenöl

225 ml Mandelmehl

2 EL gemahlenes Psylliumschalenpulver

1 TL Salz

1 TL Backpulver

1 EL Sesamsamen

Prise Meersalz

Zubereitung

Ofen auf 200 ° C vorheizen.

Eier schaumig schlagen. Fügen Sie Frischkäse und Öl hinzu.

Die restlichen Zutaten außer den Sesamsamen hinzufügen.

Den Teig in eine Backform (23 x 13 cm) geben, was mit Butter eingefettet oder mit Pergamentpapier ausgelegt ist.

5 Minuten stehen lassen. Mit Olivenöl bestreichen und mit Sesam und etwas Meersalz bestreuen. Für ungefähr 30 Minuten backen lassen oder bis es Goldbraun auf der Oberseite ist.

Übersicht pro Portion

Netto-Kohlenhydrate: 4% (2 g)

Faser: 2 g

Fett: 86% (26 g)

Protein: 11% (7 g)

kcal: 282

Muscheln mit Weißwein

Muscheln in Weißwein gegart ist ein traditionelles Gericht ganzen Mittelmeerraum serviert. Sie ist bereit in Minuten, sehr beeindruckend, und ist nicht zu schlagen für puren Komfort als mit knusprigem Brot für triefend die Säfte serviert.

Zutaten:

- 4 Pfund frische, live Muscheln
- 2 Tassen trockener Weißwein
- 1/2 TL Meersalz
- 6 Knoblauchzehen, fein gehackt
- 4 Teelöffel gewürfelte Schalotte
- 1/2 Tasse gehackte frische Petersilie, geteilt
- 4 Esslöffel kaltgepresstes Olivenöl
- Saft von 1/2 Zitrone

Anleitung:

In einem großen Sieb schrubben und die Muscheln unter kaltem Wasser abspülen. Entsorgen Sie alle Muscheln, die nicht in der Nähe antippen. Verwenden Sie ein Schälmesser, um den Bart aus jeder Muschel zu entfernen.

Bringen Sie in einen großen Topf bei mittlerer Hitze Weißwein, Salz, Knoblauch, Schalotten und 1/4 Tasse Petersilie zum stetigen köcheln.

Fügen Sie die Muscheln, Abdeckung und Simmer nur, bis alle Muscheln, 5 bis 7 Minuten geöffnet. Nicht zu lange.

Mit einem Schaumlöffel, teilen Sie die Muscheln unter 4 große, flache Schalen.

Olivenöl und Zitronensaft in den Topf, umrühren, und gießen Sie die Brühe über die Muscheln. Jede Portion mit 1 El der restlichen Petersilie garnieren und servieren mit einem knusprig, Vollkorn-Baguette.

Zutaten für 4 Personen.

Seezungenfilets mit Kräuterseitlingen

Zutaten für 4 Portionen:

☐ 800 g Seezungenfilet

☐ 1 EL Zitronensaft

☐ Salz

☐ Pfeffer

☐ 500 g Kräuterseitlinge

☐ 2 EL Butter

☐ 100 ml Weißwein

☐ 4 EL Créme Fraîche

☐ 1 Prise Cayennepfeffer

☐ ½ Bund glatte Petersilie

Zubereitung:

1. Seezungenfilets waschen und trocken tupfen.
2. Mit Zitronensaft beträufeln, mit Salz und Pfeffer würzen und in 4 Stücke teilen.
3. Kräuterseitlinge putzen, feucht abreiben, klein schneiden und würzen.
4. Pilze 5 Minuten in der Butter schmoren.
5. Wein und Créme Fraîche einrühren und mit Salz und Cayennepfeffer würzen.
6. Fischfilets zusammenrollen und auf die Pilze legen.

7. Abgedeckt bei geringer Temperatur etwa 8 Minuten garen.
8. Petersilie waschen, trocken schütteln und die Blättchen hacken.
9. Fischfilets mit der gehackten Petersilie bestreut servieren.

Lachs im Speckmantel

Zutaten:

120	g	Lachs
20	g	Bacon
100		gBrokkoli

100 g Champignons

½ Knoblauchzehe

½Zwiebel

40 gFeta

½ TL Paprikapulver

½ TL Chiliflocken

2 EL Pflanzenöl

Salz, Pfeffer

Zubereitung:

1. Backofen vorheizen auf 100 ° Umluft.
2. Backblech mit Backpapier auslegen.
3. Lachs mit Salz und Pfeffer sowie Paprikapulver und den Chiliflocken abschmecken.
4. Pfanne mit etwas Öl auf dem Herd erhitzen.
5. Lachs in die heiße Pfanne geben und von beiden Seiten scharf anbraten.
6. Lachs aus der Pfanne nehmen und auf das Backblech geben.
7. Den Lach ca. 5 Minuten im Backofen belassen.
8. Den Ofen dann ausschalten und geschlossen halten.
9. Brokkoli gründlich waschen.

Stiel entfernen und den Kopf in kleine Stücke zerteilen.

Pilze waschen, putzen und – je nach Größe und Vorliebe – zerteilen.

Knobi schälen und in kleine Würfel schneiden.

Zwiebel schälen und in der Mitte teilen.

Sodann die Zwiebel in halbierte Ringe schneiden oder nach Belieben auch würfeln.

Die Pfanne erneut mit etwas Öl auf dem Herd erhitzen.

Brokkoli Stücke in die heiße Pfanne geben.

Brokkoli ca. 3 Minuten braten.

Gelegentlich umrühren.

Die Zwiebeln in die Pfanne geben.

Pilze ebenfalls in die Pfanne zugeben.

Alles gut vermischen und weitere ca. 5 Minuten braten.

Nun den Knobi zugeben und mitbraten.

Das Ganze mit Salz und Pfeffer abschmecken.

Nun den Lachs auf einen Teller geben und die Brokkoli-Mischung dazugeben.

Das Ganze nun noch mit zerbröckeltem Feta überstreuen.

7-Grillspieße mit Fleisch und Gemüse

Zutaten

400g Hähnchenbrustfilet
300 g Zucchini
1 rote Paprika
1 gelbe Paprika
1 rote Zwiebel
5-6 Stängel Rosmarin
5-6 Stängel Thymian
4 Knoblauchzehen
Chiliflocken
Himalaya Salz
Bunter Pfeffer
60 ml Olivenöl

Zubereitung

<u>Kochzeit:</u> ca. 25 Min.

Fleisch abspülen, trocken tupfen und in 3 x 3 cm große Stücke schneiden. Gemüse abspülen und trocken tupfen.
Zucchini in Schnitten schneiden. Paprikas halbieren, Kerne und Trennwände trennen und in 3 x3 cm große Stückchen schneiden

Zwiebel abpellen, achteln und die Zwiebelschichten miteinander mischen.
Fleisch, Zucchini, Paprika und die Zwiebel abwechselnd auf die Spieße stecken.
Öl in eine Pfanne geben, Knoblauch hineindrücken. Danach Salz, Pfeffer und die Chiliflocken miteinander verrühren.
Rosmarinnadeln und Thymian Blätter fein hacken und mit zur Ölmarinade geben und gut vermischen.
Spieße in eine Auflaufform legen und mit der Ölmarinade bestreichen.
Mit Folie abdecken und für ca. 1 Stunde in den Kühlschrank stellen und ziehen lassen.
Die Spieße goldbraun anbraten oder grillen.

Griechischer Salat

Zubereitungszeit: 15 Minuten

Zutaten für 2 Portionen

- 1 rote Paprikaschote
- 2 Tomaten
- 1 Zwiebel
- 1 Salatgurke
- 220 g Feta
- 6 EL Olivenöl

Meersalz, schwarzer Pfeffer

Zubereitung

Die Paprika entkernen und in etwa 1 cm lange Streifen schneiden. Die Tomaten würfeln. Die Zwiebel schälen, halbieren und in dünne Ringe schneiden. Die Gurke schälen und würfeln. Den Feta grob würfeln.

Nun alle Zutaten in einer Schüssel vermengen und salzen und pfeffern.

Den Salat etwa 15 Minuten durchziehen lassen.

Keto-Haferbrei (1 Portion)

Zutaten

240 ml Kokosmilch oder ungesüßte Mandelmilch

1 EL (10 g) Leinsamen, ganz

1 EL (8 g) Chiasamen

1 EL (10 g) Sonnenblumenkerne

1 Prise Salz

Zubereitung

Alle Zutaten in einen kleinen Topf vermischen und zum Kochen bringen. Die Hitze senken und köcheln lassen, bis die gewünschte Stärke erreicht ist. Dies sollte nicht länger als ein paar Minuten dauern.

Mit Butter und Kokosmilch - oder Mandelmilch und Zimt - oder frischen, ungesüßten Beeren belegen. Die Möglichkeiten sind endlos!

Übersicht pro Portion

Netto Kohlenhydrate: 5% (8 g)

Faser: 7 g

Fett: 88% (61 g)

Protein: 6% (10 g)

kcal: 601

Rezept #18: Trail Mix ketogene Getreide

Zutaten:

- 1/2 Tasse Keto Getreide
- 1 große Bio-Erdbeere
- Kokosflocken
- 8 Stück dunkle Schokolade Kakao gebratene Mandeln
- Ungesüßt Coco-Mandel-Milch

Schritte:

1. Heizen Sie Ihren Backofen auf 350 Grad. Eine gefettete Pfanne Kokosflocken aufsetzen. 5 Minuten backen.

2. Mischen Sie die Flocken rund um sie gleichmäßig garen.

3. nehmen Sie die Flocken.

(4) bestreuen Sie leicht mit Zimt.

5. Legen Sie sie in einen Becher oder eine Schüssel geben. Coco-Mandel-Milch, Erdbeere, gerösteten Mandeln hinzufügen. Genießen.

Gurken Carpaccio mit Lachs

Zutaten für 2 Portionen:

☐ 300 g Salatgurken

☐ 150 g Lachs (Räucherlachs)

☐ 100 g Joghurt (3,8 % Fett)

☐ 50 g saure Sahne

☐ 2 EL Zitronensaft

☐ 2 EL Schnittlauch, in Röllchen geschnitten

☐ 1 EL Dill, gehackt

☐ 2 Scheibe/n Toastbrot, Vollkorn

☐ Salz und Pfeffer

Zubereitung:

Als erstes schälen Sie die Gurken und schneiden oder hobeln Sie diese in sehr feine Scheiben. Diese richten

Sie dekorativ auf großen Tellern an und salzen und pfeffern Sie die Scheiben nach Geschmack.

Das Carpaccio beträufeln Sie bitte mit Zitronensaft und bestreuen es mit dem gehackten Dill.

Jetzt rühren Sie den Joghurt und die saure Sahne glatt, mischen Sie die Schnittlauchröllchen unter und würzen Sie die Soße mit Salz und Pfeffer.

Die Toastscheiben schneiden Sie in Würfel oder Streifen und rösten Sie diese in einer Pfanne ohne Fett knusprig braun an.

Legen Sie jetzt den Lachs dekorativ auf das Gurken-Carpaccio und servieren Sie die Schnittlauchsoße und das Brot dazu.

Feta Salat

Zutaten:

200 g **Eisbergsalat**

½ **Zwiebel**

250 g bunte Tomaten

100 g **Feta**

frische glatte Petersilie

Zitronensaft

Olivenöl

Nussöl

Salz, bunter Pfeffer

Zubereitung:

1. Salat waschen und putzen.

2. In mundgerechte Stücke zerteilen und in eine Schüssel geben.
3. Tomaten waschen und würfeln.
4. Zwiebel schälen und fein würfeln.
5. Tomaten und Zwiebel zu dem Salat geben und vermengen.
6. Petersilie klein hacken.
7. In einem kleinen Gefäß die Öle zusammen mit dem Zitronensaft und der gehackten Petersilie gründlich vermengen.
8. Mit Salz und Pfeffer abschmecken.
9. Nun das Dressing über die Salat-Mischung geben und gut vermischen.

Zum Schluss den Feta zerkrümeln und über den Salat streuen.

In einer Schale oder auf einem Teller servieren.

Gegrillte Gemüseplatte (2 Portionen)

Zutaten

½ Aubergine

½ Zucchini

60 ml Olivenöl

½ Saft aus einer Zitrone

200 g Cheddarkäse, gewürfelt

10 schwarze Oliven

2 EL Mandeln

125 ml Mayonnaise oder Crème Fraîche

30 g Blattgemüse

Prise Salz und Pfeffer

Zubereitung

Auberginen und Zucchini längs in dünne Scheiben schneiden etwas salzen und für 8-10 Minuten ziehen lassen. Beidseitig stellen.

Den Ofen auf 225 ° C vorheizen oder, noch besser, den Ofen zum Grillen bringen.

Legen Sie die Scheiben auf ein mit Pergamentpapier ausgelegtes Backblech. Mit Olivenöl bestreichen und mit Pfeffer würzen.

Backen (oder Grillen) für 15-20 Minuten oder bis Sie auf beiden Seiten goldbraun sind. Sie können auch das Gemüse in einer großen Pfanne braten oder auf dem Grill grillen.

Danach die Scheiben auf einen Teller legen und mit etwas Olivenöl und frisch gepressten Zitronensaft beträufeln.

Mit Käsewürfeln, Mandeln, Oliven, Mayonnaise oder Crème Fraiche und Blattgemüse servieren.

Übersicht pro Portion

Netto-Kohlenhydrate: 4% (11 g)

Faser: 7 g

Fett: 86% (108 g)

Protein: 10% (28 g)

kcal: 1140

Frühstückstaschen mit Eiern und Speck

2 Portionen

Vorbereitung 15 Minuten

Zubereitung 20 Minuten

120 g Mozzarella

3 Eier

40 g Butter

4 Scheiben Bacon

30 g Mandelmehl

1. Schmelzen Sie den Mozzarella in der Mikrowelle oder einem kleinen Topf. Beachten Sie dabei, dass der Käse nicht kochen oder anbraten darf! Heizen Sie währenddessen den Backofen auf 200°C Ober-/Unterhitze vor.

2. Vermischen Sie das Mandelmehl mit dem flüssigen Käse, sodass ein Teig entsteht. Kneten Sie diesen gründlich mit den Händen durch, solange er noch warm ist.

3. Teilen Sie den Teig in zwei gleiche Teile und rollen Sie die Stücke mit einem Nudelholz dünn aus. Legen Sie die Teigstücke mit jeweils zwei Scheiben Bacon aus. Diesen können Sie roh verwenden oder bei Bedarf vorher knusprig anbraten.

4. Schmelzen Sie die Butter in einer Pfanne und bereiten Sie aus den Eiern Rührei zu und schmecken Sie dieses mit Salz und Pfeffer gut ab. Das fertige Rührei wird auf die beiden Teiglinge verteilt.

5. Falten Sie die Teiglinge so zusammen, dass sie an allen Seiten geschlossen sind und platzieren Sie sie mit der Naht nach unten auf dem Backpapier. Stechen Sie die Taschen auf der Oberseite ein, um ein Aufplatzen zu vermeiden.

6. Backen Sie die Frühstückstaschen etwa 15 – 20 Minuten bei 200°C, bis eine angemessene Bräune erreicht wurde und servieren Sie die Taschen, wenn sie frisch und heiß sind.

Tipp: Den Teig aus Mozzarella und Mandelmehl können Sie nach Belieben auch anders befüllen, zum Beispiel mit Gemüse oder Fleisch. Lassen Sie es sich schmecken!

Cobb Salat

Zutaten: für den Salat:

- 100 Gramm Schinken
- 30 g Blauschimmelkäse
- 30 g Blauschimmelkäse
- 4 Cherry-Tomaten
- 2 hartgekochten Eiern
- 2 Tassen Römersalat, grob gehackt
- ½ Avocado gewürfelt
- 2 Speckscheiben Türkei

Zutaten: für das Dressing:

- 1 Esslöffel Olivenöl
- 1 Teelöffel Zitronensaft
- 1 Esslöffel Apfelessig
- 1 Teelöffel Dijonsenf
- Salz und Pfeffer nach Geschmack

Schritte:

1. Kochen Sie den Schinken in einer Pfanne mit Öl besprüht. Schneiden Sie das Ei in Scheiben. In eine Schüssel geben, zusammen mit den restlichen Zutaten: der Salat.

2. Mischen Sie alle Zutaten: für den Salat. Verquirlen Sie gut. Salz und Pfeffer abschmecken.

3. kombinieren Sie alle Zutaten:. Genießen.

Cremige Hühnchen-Speck-Ranch

Für 6 Personen

<u>Zutaten:</u> Grüne Zwiebeln, 100gr light Frischkäse, 1kg gewürfelt Hähnchenbrust, 30gr Ranch Gewürze, 1 Tasse Hühnerbrühe, ¼ Tasse rohen Speck, gehackt

<u>Zubereitung:</u>

1. Drücken Sie die Sauté-Taste und fügen Sie den Speck hinzu. Kochen bis der Speck knusprig ist, für 3-4 Minuten.
2. Fügen Sie dann das Huhn, Ranchgewürz und Hühnerbrühe hinzu. Tiefgefrorenes Hühnchen unter hohem Druck 20 Minuten und aufgetautes 12 Minuten unter hohem Druck kochen.
3. Lass sie den Druck schnell entweichen und legen Sie dann das Huhn auf ein Schneidebrett oder eine Platte. Verwenden Sie zwei Gabeln, um das Huhn zu zerkleinern.

4. Die Hälfte der Flüssigkeit aus dem Kochtopf nehmen, Frischkäse hinzufügen und 2-3 Minuten lang anbraten, und den Käse vollständig schmelzen.
5. Das Hähnchen in den Kochtopf geben und gut mit der Brühe und dem geschmolzenen Käse vermischen. Mit den Zwiebeln verfeinern.

Nährwertangaben pro Portion: Kalorien 225,6, 1,9 g Kohlenhydrate, 12,7 g Fett, 24,2 g Protein

Cremiger Himbeer – Kokos – Traum

Arbeitszeit: ca. 7 Min.
ca. 34 g Fett, ca. 12 g Eiweiß, ca. 2 g Kohlenhydrate

Zutaten (1 Person)
30 ml Kokosöl
20 g Himbeeren
2 EL Hüttenkäse
7 Tropfen Stevia

Zubereitung
Geben Sie die Himbeeren mit dem Kokosöl zusammen in die Mikrowelle, bis das Öl komplett zerflossen ist. Dann heben Sie vorsichtig den Hüttenkäse sowie das Stevia – Süßungsmittel unter.

Fertig ist das köstliche Frühstück. Schneller geht's nicht.

Guten Appetit!

ketogenes Schoko-Mousse

200 g dunkle Schokolade (mindestens 85 % Kakaoanteil)

90 ml Wasser

1 Esslöffel Erythrit

2 Eier

90 ml Wasser und 1 Esslöffel Erythrit in einem Wasserbad erhitzen bis eine glatte Masse entsteht (nicht zu heiß werden lassen, wenn Masse flüssig genug ist dann vom Herd nehmen), Eier trennen, Eigelbe und 50 ml Kokosmilch unter die Schokomasse rühren, Eiweiße steif schlagen und vorsichtig unterheben, Schokomousse in Gläser abfüllen

Mandelbrot

1 Brot

Zutaten: etwas Kokosöl zum Einfetten

2 TL Backpulver

2 EL Flohsamenschalen

125 g gemahlene Mandeln

50 g Sonnenblumenkerne

6 Eier

etwas Salz

40 g geschrotete Leinsamen

250 g griechischer Joghurt

1. Zur Vorbereitung den Backofen auf 180°C aufheizen und eine Kastenform mit dem Kokosfett gründlich einfetten.

2. Joghurt, Eier und eine Prise Salz zusammenmischen, sodass ein glatter Teig entsteht. Dann behutsam die übrigen Zutaten hinzufügen. Die Masse für mindestens 10 Minuten zur Seite stellen, um sie aufgehen zu lassen.

3. Den fertigen Teig in die Backform füllen und dann auf mittlerer Höhe im Backofen backen. Das Brot muss nun 45 Minuten backen.

Avocado mit Ei

Zutaten:

1 reife, große Avocado

2 Eier

2 Baconscheiben

Salz und Pfeffer

Zubereitung:

1. Backofen vorheizen auf 200 ° Umluft.
2. Avocado waschen, halbieren und entkernen.
3. Die Avocado um das Kernloch etwas aushöhlen.
4. Je ein Ei aufschlagen und vorsichtig in jede Avocadohälfte einlegen.
5. Nun die gefüllten Avodadohälften in eine Auflaufform geben.
6. Mit Salz und Pfeffer abschmecken bzw. bestreuen.
7. Das Ganze im Backofen ca. 20 Minuten backen.
8. In der Zwischenzeit einen Topf auf dem Herd erhitzen.
9. Den Bacon in kleine Stücke schneiden.

Die Stücke dann in den heißen Topf geben und braten, bis sie kross sind.

Die fertige Avocado aus dem Ofen nehmen.

Vor dem Servieren mit den Bacon Stücken bestreuen.

Überbackene Zucchini

Lecker, herzhaft und sättigend ist die überbackene Zucchini mit einem Belag, der stark an eine Pizza erinnert.

Zutaten für 2 Portionen:

- 2 Zucchini (etwa 450 bis 500 Gramm)
- 200 Gramm frische Tomaten
- 100 ml passierte Tomaten
- 100 Gramm Champignons
- 1 bis 2 Knoblauchzehen nach Geschmack
- 100 Gramm geriebenen Mozzarella
- 3 bis 4 EL Olivenöl
- Salz, Pfeffer, Oregano

Zubereitung:

Im ersten Schritt wird der Ofen auf 200 Grad vorgeheizt. Die Zucchini längs durchschneiden und in eine ausreichend große Auflaufform geben.

Champignons und Tomaten klein schneiden. Oregano und frischen Knoblauch zerhacken.

Knoblauch, Öl und gut die Hälfte vom Oregano in einer Schüssel zusammen mit Salz und Pfeffer verrühren. Dann auf die aufgeschnittenen Hälften der Zucchini streichen – ohne das alles an den Seiten wieder nach unten läuft.

Passierte Tomaten mit Salz, Pfeffer und restlichem Oregano verrühren und auf die Zucchini streichen.

Im letzten Schritt wird der Käse darüber gestreut und die Zucchini kommt für rund 15 bis 20 Minuten in den Backofen.

Sommersalat

Zubereitungszeit: 15 Minuten

Zutaten für 4 Portionen

- 75 g reife Papaya
- 150 g reife Avocado
- 150 g Chicoree
- Olivenöl

Meersalz

Walnusskerne

Zubereitung

Papaya und Avocado entsteinen, aus den Schalen lösen und in feine Würfel schneiden. Den Chicoree in Streifen schneiden.

Die vorbereiteten Zutaten in einer Schale mit Olivenöl vermengen und leicht salzen.

Die Nüsse grob hacken und über den Salat streuen.

Keto Lachsfrikadelle mit Brei und Zitronenbutter (4 Portionen)

Zutaten

Lachsfrikadellen

650 g Lachs

1 Ei

½ gelbe Zwiebel

1 TL Salz

½ TL Pfeffer

50 g Butter zum Braten

Grüner Brei

450 g Brokkoli

150 g Butter

50 g geriebener Parmesan

Prise Salz und Pfeffer abschmecken

Zitronenbutter

110 g Butter bei Raumtemperatur

2 EL Zitronensaft

Prise Salz und Pfeffer abschmecken

Zubereitung

Den Ofen auf 100 ° C vorheizen. Den Fisch in kleine Stücke schneiden und zusammen mit den restlichen Zutaten mischen. 6-8 Frikadellen formen und für 4-5 Minuten auf jeder Seite bei mittlerer Hitze mit großzügigen Menge Butter oder Öl anbraten. Danach in den Ofen geben zum warm halten.

Für den Brei den Brokkoli waschen und in kleine Röschen schneiden. Sie können auch den Stiel verwenden, schälen und in kleine Stücke schneiden. Einen Topf mit leicht gesalzenem Wasser zum Kochen bringen und den Brokkoli hinzufügen. Und für ein paar Minuten kochen lassen, bis er weich ist. Das kochende Wasser abgießen.

Verwenden Sie einen Stabmixer oder einen Handmixer um den Brokkoli mit Butter und Parmesankäse zu mischen. Mit Salz und Pfeffer abschmecken.

Für die Zitronenbutter mischen Sie die Butter (bei Raumtemperatur) den Zitronensaft, Salz und Pfeffer in einer kleinen Schüssel.

Die Zitronenbutter über die Frikadellen geben und den grünen Brei neben dran geben und sofort servieren und genießen.

Übersicht Pro Portion

Netto Kohlenhydrate: 3% (7 g)

Faser: 3 g

Fett: 80% (91 g)

Protein: 18% (45 g)

kcal: 1030

Keto Hamburgerbrötchen

Zutaten:

150 g Mandelmehl

5 EL (40 g) gemahlenes Flohsamenschalen Pulver

2 TL (10 g) Backpulver

1 TL Meersalz

2 TL Weißweinessig oder Apfelessig

300 ml kochendes Wasser

3 Eiweiß

1 EL (10 g) Sesamsamen

Zubereitung:

Den Ofen auf 175 ° C vorheizen.

Die trockenen Zutaten in einer Schüssel vermischen.

Wasser zum Kochen bringen, dann in eine Schüssel geben und Essig und das Eiweiß dazugeben, während du 30 Sekunden lang mit einem Handmixer mixt. Den Teig bis zur richtigen Konsistenz mixen.

Mit feuchten Händen den Teig in 4 Brotstücke formen und oben drauf mit Sesam bestreuen.

Im auf der untersten Ebene im Ofen 50-60 Minuten backen. Immer wieder prüfen ob man ein Hohles Geräusch hört , wenn man oben drauf tippt ,dann sind die Keto Hamburger Brötchen fertig.

Low Carb Protein Pancakes

Nährwerte:

Kohlenhydrate: 1.8 g

Fett: 0.8 g

Protein: 20.2 g

kcal: 95

Vorbereitungszeit:

5 Minuten

Kochzeit:

15 Minuten

Zutaten:

(1 Person)

25 g Magerquark

15 g Proteinpulver

2 Eiweiß

<u>Zubereitung:</u>

1.) Vermische alle Zutaten in einer Schüssel, bis Sie eine gleichmäßige Pancakemasse haben.

2.) Erhitzen Sie eine beschichtete Pfanne auf mittlerer Stufe.

3.) Braten Sie die 2 kleinen Low Carb Protein Pancakes mit etwas Öl von beiden Seiten goldbraun.

Fruchtiger Joghurt (Vegetarisch)

214 kcal|9g Kohlenhydrate|16g Fett|5g Eiweiß (pro Portion)

Zutaten für 1 Portion:

150 g griechischer Joghurt

10 g Erdbeeren

10 g Johannisbeeren

10 g Heidelbeeren

1 EL Kokosraspeln

Zubereitung:

Die Johannisbeeren und Heidelbeeren waschen. Dann die Erdbeeren waschen und in Stücke schneiden.

Den Joghurt in eine Schüssel geben. Nun, die Beeren unterheben und mit den Kokosraspeln garnieren.

Low Carb Pasta mit Bolognese

3-4 Portionen

Vorbereitung 20 Minuten

Zubereitung 25 Minuten

Salz, Pfeffer, Oregano, Paprikapulver

500 Gramm Hackfleisch

1 Dose gehackte Tomaten

1 Zwiebel

2 Zehen Knoblauch

2 EL Olivenöl

2 EL Tomatenmark

400 ml Gemüsebrühe

3-4 große Zucchini

4 große Karotten

1 Hand voll Basilikum

1. Waschen und schälen Sie die Karotten und die Zucchini. Nachdem die Schale entfernt wurde schälen

Sie weiter, bis alle Zucchini und Karotten in Bandnudel-ähnliche Streifen komplett geschält wurden.

2. Geben Sie nun etwas Olivenöl in eine Pfanne und dünsten Sie die Karotten und Zucchinistreifen bis sie gar sind.

3. Schneiden Sie die geschälten Zwiebeln und den Knoblauch in feine Würfel. Braten Sie nun das Rinderhackfleisch in einer Pfanne in Olivenöl an, geben Sie die Zwiebel und den Knoblauch dazu und dünsten Sie alles an. Achten Sie das die Pfanne heiß ist, damit das Fleisch röstet und nicht kocht. Dies gibt Geschmack! Geben Sie nun das Tomatenmark hinzu, und rösten Sie dies nochmal mit an und löschen Sie alles mit der Brühe ab.

4. Geben Sie die gehackten Tomaten dazu, und würzen Sie der Bolognese mit Salz, Pfeffer, Oregano und Paprikapulver.

5. Geben Sie nun die bereits angedünsteten Zucchini- und Gemüse Streifen dazu und schwenken Sie die "Pasta" nochmals durch. Servieren Sie die Pasta mit frischem Basilikum.

Huhn Zucchini und Brokkoli Zucchini

Zutaten:

- 10 Unzen Zucchini (ausgehöhlt)
- 5 oz geschreddert Brathähnchen
- 1 Tasse Brokkoli
- 2 EL Butter
- 3 Unzen Cheddar-Käse
- 1 Stiel grün Zwiebel
- 2-3 Esslöffel saure Sahne
- Salz und Pfeffer nach Geschmack

Schritte:

1. Backofen Sie den auf 400F. Bereiten Sie die Zucchini in Längsrichtung zu schneiden und das Fleisch Aushöhlung. Lassen Sie die Schale etwa 1 Zoll dick.

(2) schmelzen Sie etwa 2-3 Esslöffel Butter und gießen sie auf die Zucchini-Schalen und abschmecken Sie Salz und Pfeffer. Legen Sie sie in den über und etwa 2 Minuten dünsten.

3. zerkleinern Sie das Huhn mit einer Gabel. Schneiden Sie den Brokkoli in mundgerechte. Fügen Sie die saure

Sahne auf die Mischung. Gut mischen und für die Füllung beiseite stellen.

4. Sobald die Zucchini gekocht hat, nehmen Sie sie heraus die oft und füllen sie mit Huhn und Brokkoli Füllung.

5. bestreuen sie mit einem großzügigen Betrag von Käse. Setzen Sie sie zurück in den Ofen für weitere 25 Minuten.

6. mit Frühlingszwiebeln garnieren und oben mit einem anderen großzügigen Betrag von Mayo vor dem servieren.

Köstliches Thai Chicken

Für 4 Personen

<u>Zutaten:</u> ¼ Tasse Kokosnuss-Aminosäuren, ½ Tasse Hühnerbrühe,
½ Tasse voll-fett Bio-Kokosmilch, ½ Teelöffel Bio-Currypulver,
1 Teelöffel keltisches Meersalz, 15 kleine Bio-Minze, 2 Esslöffel Butter,
12cm Stiel Zitronengras halbiert und 1 Limette (Saft), 2 Bio Hähnchenbrust gewürfelt, 1 mittelgroße rote Zwiebel dick geschnitten,
4 frische Knoblauchzehen fein gehackt oder gerieben, 2 cm frischer Ingwer gerieben oder fein zerkleinert.

<u>Zubereitung:</u>
1. Mit einer Schere das Hühnerfleisch schneiden und auf einen Teller legen. Dann bereiten Sie die anderen Zutaten wie Zitronengras, Limettenschale, Zwiebel, Knoblauch und Ingwer vor.
2. Drücken Sie den "sauté" Knopf am Instant Pot. Fügen Sie das Kokosnussöl hinzu, dann Knoblauch, Ingwer und Zwiebeln und für ungefähr 5 Minuten anbraten, rühren Sie die Mischung gelegentlich durch.
3. Hühnchen hineingeben und kochen bis es nicht mehr rosa ist, ca. für 2-3 Minuten. Drücken Sie "Warmhalten / Abbrechen", um den Instant Pot auszuschalten.

4. Geben Sie nun Zitronengras, Kokosmilch, Limettensaft, Limettenschale, Currypulver, Minzblätter, Kokosnussamino und Knochenbrühe hinzu und umrühren.

5. Schließen und verriegeln Sie den Deckel und stellen Sie sicher, dass das Dampfablassventil vollständig geschlossen ist. Stellen Sie es auf "Geflügel" und kochen Sie es dann für ungefähr 10 Minuten.

6. Nach 10 Minuten den Instant Pot ausschalten, den Netzstecker ziehen und den Druck schnell ablassen.

7. Warten Sie, bis die Dampfentlüftung stoppt und öffnen Sie vorsichtig den Deckel. Mit Blumenkohlreis servieren, mit Limettenscheiben und gehacktem Koriander garnieren.

Nährwertangaben pro Portion: Kalorien 205, 16.3gr, Kohlenhydrate 4.0gr, Protein 18.8 gr

www.ingramcontent.com/pod-product-compliance
Lightning Source LLC
Chambersburg PA
CBHW071446070526
44578CB00001B/232